AF239559

Jörg Eikmann

Eltern – das war's!

Warum Kinder plötzlich gehen

Jörg Eikmann

Eltern – das war's!

Warum Kinder plötzlich gehen

Bibliografische Information der Deutschen
Nationalbibliothek
Die Deutsche Nationalbibliothek verzeichnet diese
 Publikation in der Deutschen Nationalbibliografie;
detaillierte bibliografische Daten sind im Internet über
http://dnb.d-nb.de abrufbar.

Herstellung und Verlag:
Books on Demand GmbH, Norderstedt
ISBN- 978-3-8448-1383-8

Inhalt

Vorwort 7

Eltern – das war's 9
Kleiner Ärger – große Folgen

Zwischen uns passte kein Blatt Papier: 27
Warum Kinder gehen, was Eltern beachten sollten

Verloren – gegangen 74
Wie eine Mutter die Trennung erlebte

Ich fühle – also bin ich 87
Über (verletzte) Gefühle

Missverstehen wir uns richtig? 96
Das Wichtigste für Gespräche

Alles für den Tag X 103
Wie kann ich Kontakt aufnehmen?

Der Super- Super- Gau 118
Wenn alle Kontaktversuche scheitern

Meckern, streiten und umarmen 126
Schritte zur Versöhnung

Bis hierher und nicht weiter 139
Für betroffene Kinder

Selbsthilfegruppen für ein längeres Leben 152

Dank und Nachwort 154

Vorwort

„Eltern oder keine, das bestimmen wir alleine."
Der alte Sponti-Spruch aus den 70 er Jahren ist inzwischen bitterere Realität. Immer häufiger wollen Kinder nichts mehr von ihren Eltern wissen und machen sich demonstrativ und oft auch aggressiv aus dem Staub. Einige vernichten sogar alle Spuren hinter sich: Kontakt impossible.

Ein Beispiel: Nach der Beerdigung des Vaters steht die erwachsene Tochter beim Kaffeetrinken abrupt auf, winkt ihrer Mutter zu und ruft: „Tschüss, Mama, das war's!" Sie dreht sich um, und bevor die Mutter begreift, was gerade passiert, ist die Tochter verschwunden – und bleibt es. Gründe werden nicht genannt, Briefe der besorgten Mutter zurückgeschickt.

Für Eltern bleiben nur Fragen: warum? Wozu? Wie geht es weiter?

In diesem Buch geht es nicht um Fragen der Schuld (falls es die überhaupt gibt), sondern um das Verstehen und Bewältigen dieses Problems.

Zuerst habe ich als Psychotherapeut Eltern kennengelernt, die über das Verschwinden ihrer Tochter erschüttert waren. Die 26-Jährige hatte einfach ihren Koffer genommen.

Ich vermutete: Das müssen furchtbare Eltern sein! Ein Kind haut doch nicht einfach ab!

Allerdings konnte ich bei diesem Paar nichts Schreckliches entdecken. Ganz im Gegenteil: Das Schicksal der besorgten Eltern berührte mich, und ich wurde neugierig.

Beim ZDF konnte ich ein einen Film und eine Diskussion zu diesem Thema anregen. Die Resonanz zeigte, dass es offensichtlich eine große Zahl verlassener Eltern gibt.

Bei Bekannten können die betroffenen Eltern nicht über ihre Ängste und Schuldgefühle reden, denn da bekommen sie schnell zu hören, dass sie wohl so ziemlich alles falsch gemacht haben müssten, sonst würden sich die Kinder doch nicht ohne Erklärungen und so abrupt verabschieden.

Doch Misshandlungen oder Vernachlässigung sind extrem selten die Hintergründe für das plötzliche Verschwinden der Jugendlichen und jungen Erwachsenen. Die Eltern sind alles andere als Rabeneltern, eher wollten sie Freunde ihrer Töchter und Söhne sein. Vielleicht haben sie sogar zu verständnisvoll erzogen oder Auseinandersetzungen gescheut, und diese Haltung rächt sich: „Wollte euch nur mitteilen, dass ihr Großeltern geworden seid, glaube aber nicht, dass ein Treffen mit euch sinnvoll wäre," mailt ein 28-Jähriger an seine Eltern und löscht sofort danach seine Mail-Adresse. Kontakt nicht erwünscht!

Die Eltern haben es gut gemeint, doch irgendetwas war nicht gut. Und sie fragen sich und ihre Kinder: Was ist passiert? Was haben wir euch getan? Was haben wir falsch gemacht? Warum bestraft ihr uns auf diese schreckliche Weise?

Die Eltern fragen – doch die Kinder geben keine Antworten. Und das Schweigen belastet die Eltern enorm.

Es ist nicht böser Wille, wenn die Kinder nichts erklären, denn meistens kennen auch sie nicht die Gründe für ihr Fortgehen. Die Absicht war plötzlich da, kroch aus dem Bauch heraus und wurde beherrschend.

Dieses Buch schildert Ursachen, gibt Antworten auf viele Fragen und beschreibt konkrete Hilfen für die Kontaktaufnahme.

Eltern – das war's
Kleiner Ärger – große Folgen

„Johannis ist alles, was mir geblieben ist." Der Blick von Ute (53) wandert in die Ferne. „Ich kann doch nicht solch ein Scheusal sein, wenn ein Sohn geht und der andere bei mir bleibt." Sie schaut mich an, als warte sie auf eine Bestätigung ihrer Überlegung.

Ich stimme ihr zu. In der Tat, das ist schon merkwürdig. Der eine Sohn bleibt, der andere geht ohne Angabe von Gründen plötzlich fort und lässt sich nur ab und an auf einen brieflichen Kontakt ein, immer wieder mit der Drohung versehen: Wenn du mich aufsuchst, ist alles endgültig zu Ende.

Eine Mutter – zwei unterschiedliche Erziehungsstile? Ist das überhaupt möglich?

Im Prinzip schon, doch in der Alltagspraxis eher unwahrscheinlich. Niemand kann seine Erziehung komplett umkrempeln. Aber Kinder können verschieden sein, tragen unterschiedliche Gene in sich und reagieren darum auf den gleichen Reiz verschieden, und das eine Kind ist einem Selbst ähnlicher, und schon darum kann man sich besser und intuitiver einfühlen und diesem Kind eher gerecht werden.

Das müssen mehr oder weniger intensiv alle Geschwister erleben. Aber ist das ein Grund, um plötzlich abzuhauen?

Für Johannis war der elf Jahre ältere Bruder so etwas wie ein angehimmelter Gott. Er beneidete den Großen und eiferte ihm nach. Umso härter traf es ihn, als der Bewunderte plötzlich verschwand. Er reagierte verunsichert, wurde ängstlich und kontaktscheu.

Kein Wunder: Er hatte sein Herz an den Großen gehängt – und plötzlich kam der Kontaktabbruch, und der schmerzte. Warum sein Herz an einen anderen Menschen binden, wenn alles von heute auf morgen aus sein kann? Da ist der Kummer viel zu groß, das möchte man sich kein weiteres Mal antun. So wurde er von seinem Bruder mit in Sippenhaft genommen.

So wie ihm ergeht es vielen Geschwistern beim plötzlichen Kontaktabbruch. Auch sie leiden, fragen nach Gründen – und bekommen keine Antworten, weil die betroffenen Eltern selbst keine Erklärungen haben. Sie leben im grauen Nebel, suchen nach Erklärungen, sind hilflos.

Hella ist Altenpflegerin. Der Umgang mit belasteten Patienten hat ihr geholfen, sich ablenken und abgrenzen zu können.

„Ich habe gelernt, mir einen Schutzpanzer anzuziehen. Was bleibt mir anderes übrig, wenn ich nicht vor die Hunde gehen will? Ich bin härter geworden. Dennoch gibt es immer wieder so ganz schlimme Tage...“

Es sind die Tage, an denen sie grübeln muss: „Was habe ich falsch gemacht? Was ist passiert? Es gab doch nicht mal Streit. Sie ist einfach so gegangen, und das zu einer Zeit, wo ich sie gebraucht hätte.“

Hellas Mann war verstorben. Die Ärzte konnten nicht eindeutig feststellen, ob eher ein Herzversagen oder seine kaputter Trinkerleben sein Leben beendet hatte.

Nach der Beerdigung saß die Familie mit Bekannten noch im Café am Friedhof. Plötzlich stand Hellas Tochter auf, blickte die Mutter an und sagte laut und deutlich: „Tschüss, Mama, das war's. Ich kenne dich nicht mehr und will nie wieder etwas mit dir zu tun haben. Du bist von nun an Luft für mich!“

Bevor Hella die Tragweite der Worte verinnerlichen konnte, war die 33-jährige Tochter verschwunden. Was blieb, ist eine Telefonnummer und die Drohung: „Wenn du versuchst, mich zu treffen, spucke ich dich an!"

Am Geburtstag ihrer Tochter hält Hella es nicht aus und ruft an, um zu gratulieren. Manchmal geht die Tochter an den Apparat, manchmal auch nicht.

Auch hier gibt es noch Geschwister, einen jüngeren und einen älteren Sohn. Der Ältere versucht immer mal wieder eine Vermittlung zwischen Mutter und Tochter: „Deine Mutter will dir gratulieren. Geh doch mal gleich ans Telefon."

Die Tochter lehnt ab: „Warum sollte ich?"

„Na, sie ist doch deine Mutter und macht sich Sorgen."

Die Antwort folgt sofort und unbarmherzig: „Das ist nicht mehr meine Mutter. Das ist höchstens meine Gebärfrau."

Wie erträgt die Mutter das? Klappt das mit dem Schutzpanzer?

„Es muss, was will ich sonst machen? Mir sind doch die Hände gebunden, ich bin ohnmächtig. Aber ich ertappe mich dabei, wie ich immer wieder an sie denken muss. Doch das wird weniger. Vielleicht fange ich an, sie zu vergessen."

Und nach einer Pause: „Nein, das stimmt nicht so ganz. Ich werde das alles wohl nie vergessen. Aber die Bilder werden blasser, erscheinen seltener. Man gewöhnt sich, wenigstens bis zu einem gewissen Grade."

Natürlich sind es nicht nur die Mütter, die den Schwarzen Peter abbekommen.

Es war ein schöner Sommerabend. Familie B saß mit ihrem 25 Jahre alten Sohn im Garten ihres Reihenhauses. Der Sohn hatte seine dritte Ausbildung hingeschmissen.

„Und was soll nun werden?" In der Frage von Herrn B schwingt unüberhörbar die Forderung nach klarer Zukunftsgestaltung mit. Er selbst hat sich sein Studium hart erarbeiten müssen. Mehrere Ausbildungen hätten seine Eltern gar nicht finanzieren können.

Familie B gehört nicht zu den Millionären, und so ist es für den Vater völlig legitim, die finanziellen Zügel straffer zu fassen: „Bei einem weiteren Studium möchte ich dann regelmäßig dein Studienbuch und Bescheinigungen sehen. Ich finde, das können wir erwarten."

Das findet ihr einziger Sohn nicht. Solche Kontrollen möchte er sich nicht vorschreiben lassen. „Er hat gemeint, er sei kein kleines Kind mehr, und ich hätte kein Vertrauen in ihn. Dann sei das mit uns als Familie eben gelaufen. Bei so viel Misstrauen wollte er lieber gehen. Ich Blödmann habe das nicht in der ganzen Konsequenz kapiert und auch noch gemeint, Reisende sollte man nicht aufhalten.

Und dann ist er tatsächlich gegangen. Die Tür klappte, meine Frau und ich sahen uns fragend an, riefen nach ihm – keine Antwort. Bis heute nicht. Wir haben einen verlorenen Sohn. Und wenn er wiederkäme, würde ich vor Freude ein Fest geben, so wie es in der Bibel beschrieben ist."

Aber es sieht nicht nach einem baldigen Fest aus. Noch nicht. Vielleicht niemals?

Spinnt der Sohn? Wegen solch eines banalen Anlasses bricht er den Kontakt ab?

Ein überempfindlicher und anspruchsvoller Sohn?

Was hindert ihn zu sagen: „Heh, Alter, ich glaube du spinnst. Ich lasse mich doch nicht wie einen Schuljungen kontrollieren. Nicht mit mir! Das mache ich nicht, und wenn du dich auf den Kopf stellst." Und dann fliegen sicherlich die Fetzen, man grüßt sich ein paar Tage lang nicht – aber man fühlt sich dennoch weiter als Familie. Möglicherweise zieht man für ein paar Tage aus, um seine Macht zu demonstrieren, und die Eltern kapieren das unter dem Druck der Ereignisse und machen Zugeständnisse – und dann zieht Sohn oder Tochter wieder ein.

Aber hier läuft es nicht so. Als eine Ursache dafür machte schon 1983 Dietrich Stollberg, Professor für Praktische Theologie in Marburg und Mitglied der Evangelischen Konferenz für Familien- und Lebensberatung in Berlin, die Verwöhnung der Jüngeren und die Scheu vor Konflikten bei den Älteren aus (in der Zeitschrift „Wege zum Menschen", 1983).

Stollberg beklagte „eine gewisse Zimperlichkeit im sozialen Kontakt und eine extreme Empfindlichkeit derer, die fordern, gegenüber denen, von denen gefordert wird."

Zwischen 1968 und heute fand ein gesellschaftlicher Umbruch statt: Es wurde die Wohlstandsgesellschaft inszeniert: Sex verkam zu Porno, das Sein zum Haben. Die Folgen blieben nicht aus: „So wurde eine Anspruchsmentalität gezüchtet, die Abhängigkeiten schafft, Berechtigungsdenken ohne Identifikation und ohne Pflichtgefühl ... Verantwortung ist in diesem Konzept immer nur vom anderen einzufordern", meint der Theologe.

Den Eltern wird Entlastung zuteil: Seiner Ansicht nach haben auch die Kirchen sich dem (damaligen) Zeitgeist unterworfen: „Und ein, auch kirchlicherseits propagiertes, Harmonieideal, das Pluralität nicht als Chance, sondern als Bedrohung erleben lässt, ist genau in diesem Zusammenhang zu verstehen."

Alle fühlten sich verstanden und waren ja auch so modern! Klare Positionen und Kräche – Fehlanzeige.

Und heute?

Das Verhältnis zwischen Rosemarie und ihrem erwachsenen Sohn war schon seit einiger Zeit gespannt. Er lebte weit weg in einer anderen Stadt, hatte „hinter meinem Rücken" geheiratet und war mittlerweile Vater geworden. Seine Mutter erhielt per Post ein Foto ihres Enkelkindes – das war's.

Es verletzte sie so stark, dass sie nicht reagierte. „Ich wollte mich nicht einbringen, denn ich ging davon aus, mein Enkelkind ja doch nie zu sehen."

Wie wird ihr Sohn es verstanden haben? Als Desinteresse der Mutter?

Als ihre Firma Pleite machte, stand sie plötzlich ohne Geld da und bat ihn um finanzielle Unterstützung: „Er ist nicht arm, und seinen guten Posten verdankt er schließlich seiner Ausbildung, die ich finanziert habe."

Der Sohn überwies das Geld, allerdings mit dem Hinweis, es sei kein Geschenk und er erwarte Rückzahlung. Und einen für ihn plausiblen Grund dafür fügte er gleich an: „Schließlich konntest du noch nie gut mit Geld umgehen."

Es scheint, als sei der Sohn nun in der Rolle des erziehenden Vaters, der seiner Tochter pädagogische Ratschläge vermittelt.

Natürlich war sie entsetzt und verärgert. „Das ist der Dank für all das, was ich für ihn getan habe."

Kurz entschlossen kaufte sie eine Bildpostkarte mit dem Motiv „Du kannst mich mal."

Darunter kritzelte Sie: „Schäm dich!" Und ab die Post.

Seitdem herrscht Funkstille. Den Geldbetrag hat sie nicht abgestottert, er sei schließlich nicht die Deutsche Bank, sondern ihr Sohn. Und nach allem, was sie für ihn getan habe... Auch wenn er Geschäftsmann sei – so weit hätte er nicht gehen dürfen. Sie erwarte eine Entschuldigung.

„Meine Eltern haben mich nie verstanden", beklagt sich Christine, Mutter zweier erwachsener Söhne. „Schicke Klamotten gab es bei uns nicht. Meine Mutter schneiderte selbst, und das ganz hausbacken. Ich musste mit diesen schrecklichen Jerseyhosen rumlaufen. In der Klasse lachten sie über mich. Das war meiner Mutter piepegal. Meine Vater hat ihr nur zugestimmt, eine eigene Meinung hatte er wohl nicht. Auch ansonsten hat er sich gerne rausgehalten."

Das geringe Verständnis beklagt auch Anja, knapp über 30 Jahre alt, Ärztin in einer norddeutschen Großstadt.

„Als wir umzogen, musste ich meinen kleinen Hund abgeben, weil der neue Vermieter keine Tiere duldete. Als ich Rotz und Wasser heulte, hat meine Mutter nur gemeint, ich solle mich nicht so anstellen, schließlich bekäme ich ja ein größeres und schöneres Zimmer. Der Hund wurde verkauft, ich habe ihn nie wiedergesehen, aber seine Augen beim Abschied, die sehe ich immer noch, die haben sich eingeprägt. Ich fühlte mich wie eine Verräterin, ganz mies und hilflos. Vielleicht hat das sogar meine Berufswahl mitgeprägt.

Bei unserem letzten Kontakt hat meine Mutter gemeint, ich solle mich nach all den Jahren nicht so anstellen. Ich sei doch inzwischen erwachsen und würde mich immer noch wie eine kleine Heulsuse verhalten. Andere Mütter hätten ihr gesagt, Kinder müssten auch verzichten lernen und Zugeständnisse machen. Aber kein Mensch hat mich damals getröstet oder mit mir darüber geredet! Meine Eltern waren ganz mit dem Einrichten der schönen Wohnung beschäftigt. Ich habe diese Wohnung nur gehasst."

Als Anja dann einen Freund vorstellte, nahm ihre Mutter sie beiseite, blickte sie streng an und meinte: „Der Typ ist aber nicht dein Ernst, oder? Den möchte ich kein zweites Mal hier sehen. Der passt nicht zu uns."

„Aber er passt zu mir", erwiderte die Tochter voller Zorn. Da bekam sie eine Ohrfeige – am nächsten Tag verschwand sie und zog zu dem jungen Mann. Sie meldete sich nicht um, damit ihre Eltern ihre Spur nicht verfolgen konnten. Auch 15 Jahre später kennen die Eltern Anjas Adresse nicht.

Will Anja ewige Rache?

Die Kinder behaupten immer wieder, Rache sei kein Thema:

„Ich will überhaupt keine Rache, aber was bringt mir der Kontakt mit meinen Eltern? Sie beharren auf ihrer Meinung, sie hätten alles richtig gemacht, ich soll nur sie verstehen und was bin ich sonst für sie? Nur Luft! Solche Gespräche muss ich nicht mehr haben! Sie wollen das Bild einer heilen Familie, ich will aber eine richtige Beziehung und nicht so etwas Oberflächliches."

Im Internet fand ich folgende „Familienskizze":
Als Außenstehende habe ich solch eine Trennung in einer befreundeten Familie miterlebt. Es handelte sich dabei um eine Familie mit zwei Kindern, einem älteren Sohn und einer Tochter in meinem Alter, mit der ich befreundet war. Zur Pubertät verschlechterte sich das Verhältnis Tochter - Eltern zunehmend. Die Zerwürfnisse gingen weit über die „normalen" Schwierigkeiten hinaus, die Kinder mit ihren Eltern haben und andersrum. Schließlich ist die Tochter ausgezogen, lebte auf der Straße, hat die Eltern beim Jugendamt angezeigt (die Anschuldigungen erwiesen sich alle als haltlos), hat die Eltern bestohlen.
Heute, also 20 Jahre später, darauf angesprochen, akzeptiert meine Bekannte, dass dieser zeitweilige Bruch mit ihren Eltern und dem Bruder und alles, was dazu gehörte, zu ihrem Leben gehört, allerdings kann sie ihn nicht mehr recht nachvollziehen. Heute ist sie selbst Mutter und sagt, ihre Kindheit war nicht verkehrt oder übermäßig schwer oder so und eigentlich haben die

Eltern auch nichts falsch gemacht, zumindest auch nicht mehr als andere Eltern. Sie ist damals ausgebrochen, weil sie es eben so wollte, und sie ihr „neues Leben" spannender und interessanter fand. Mittlerweile haben alle Beteiligten wieder Kontakt miteinander.

Was ich mit dieser Geschichte zum Ausdruck bringen möchte, ist, dass es sicherlich viele Gründe gibt, warum Kinder „früher als normal" (aber was ist schon normal?) ausziehen und nichts mehr mir ihrer Familie zu tun haben möchte.

Liebe verlassene Mamas: Solange sich Eure Kinder nicht dazu äußern, hört auf, euch mit der Frage zu quälen, was und ob Ihr etwas falsch gemacht habt. Das zermürbt ja nur noch mehr, und die Situation zermürbt ja ohnehin schon. Antworten bekommt Ihr zur Zeit ja doch keine. Mir ist klar, dass sich das als Außenstehende leicht sagen lässt (und vermutlich hört sich dieser Ratschlag auch sehr plump an). Daher finde ich die Idee mit der professionellen Hilfe gut und auch Eure Suche nach Eltern, die die gleichen Erfahrungen machen oder gemacht haben.

Ich finde es interessant, dass es ein Abhauen ohne Vorwurfs- oder Anklagegründe gab. *Eltern sollten sich das immer wieder bewusst machen: „Und eigentlich haben die Eltern auch nichts falsch gemacht, zumindest nicht mehr als andere Eltern."*

Mag sein, dass es zu Hause zu langweilig war, dass Kontakte zu Eltern und Geschwistern zu „dünn" waren, vielleicht waren auch nur die spannenden Versuchungen „da draußen" verführerischer und das Kind wollte mal so richtig was erleben – doch ein wenig unheimlich klingt das schon: *Sie ist damals ausgebrochen, weil sie es wollte, und sie ihr „neues Leben" spannender fand.*

Wehe, wenn Eltern ihrem Kind zu wenig Action bieten, wenn der Alltag nicht wie in einer Fernsehserie abläuft? Offensichtlich ist das Verlassen der Eltern in einigen „Fällen" entwicklungsbedingt und endet nach einiger Zeit wieder in der Familie.

Das zeigt auch ein weiteres Beispiel. Hier lohnten sich das Abwarten und entschlossene Handeln, doch das ist kein Patentrezept!

Wieder im Internet las ich in einem Forum:

Durch Zufall bin ich auf Deinen Beitrag gestoßen. Mich würde sehr interessieren, ob du wieder Kontakt zu Deinem Sohn hast? Es ist ja nun einige Zeit her, wo du hier von dieser schwierigen Situation berichtet hast. Mich hat es jedenfalls sehr berührt und ich habe einige Zeit nachgedacht. Du hast recht, es ist tatsächlich unvorstellbar! Vor ein paar Monaten hätte auch ich eher dazu geneigt, mit dem Finger auf dich zu zeigen, wäre da nicht eine Arbeitskollegin, die so wie du, z. Zt. Die Hölle durchlebt mit ihrem Kind. Und ich kenne beide schon ziemlich gut und mittlerweile auch schon einige Jahre und erfahre täglich auf Arbeit, dass die Mutter sich Arme und Beine ausreiße nach ihrem Kind. Es herrscht absolute Funkstille. Es macht mich fassungslos. Und vor allem aber macht es mir Angst.

Dieses Zerwürfnis scheint gut geheilt zu sein, jedenfalls gibt es positive Zeichen:

Hallo,

seit ich damals den Text verfasst habe, ist eine Menge passiert. Um Deine Frage zu beantworten: Ja ich habe endlich wieder Kontakt zu meinem Sohn!!! Habe allen Mut zusammen genommen und bin zu seinem 19. Geburtstag unangemeldet zu ihm gefahren. Und anders als erwartet hat er sich total gefreut. Ihr könnt euch ja vielleicht vorstellen wie es mir ging... Fast so doll wie am Tage seiner Geburt. Unbeschreib-

lich, und wer es nicht selbst schon mal erlebt hat, kann es bestimmt nur ansatzweise oder kaum nachvollziehen. Sicherlich ist dadurch nicht gleich alles wieder im "Grünen Bereich", dafür ist zu viel vorgefallen und war zu lange keinerlei Kontakt da. Aber immerhin ein Anfang!

Die böse Schwiegertochter

Nicht immer geht es so erfreulich aus.

Beim Tee, denn Kaffe sei ungesund und komme darum bei ihr nicht auf den Tisch, fragt mich Frau N plötzlich: „Finden Sie mich autoritär?"

Ich habe mir dazu keine Gedanken gemacht: „Ich weiß es nicht. Ich kenne Sie ja erst kurz."

„Ich kann es ihnen sagen: Ich bin es nicht! Ich bin stark, das musste ich als Alleinerziehende auch sein, doch autoritär, das bin ich absolut nicht."

Ich zucke hilflos mit den Schultern. „Wieso beschäftigt Sie das?"

„Weil meine Schwiegertochter gemeint hat, sie könne mich nicht um sich haben, ich sei zu autoritär und würde sie nicht gelten lassen. Einfach lachhaft! Was weiß so ein junges Ding schon vom Leben?"

Frau N fährt fort: „Mein Sohn ist ihr völlig auf den Leim gegangen, benimmt sich unterwürfig wie ein Hündchen. Er hat mir seine Wohnung verboten, weil seine Frau mich nicht sehen will. Ich bitte Sie! Im Geschäft kann er sich durchsetzen, und dann klappt das nicht bei seiner Frau? Zwei Jahre haben wir uns nicht mehr gesehen, es gibt nur E-Mails oder kurze Briefe. Er gratuliert mir zum Geburtstag, aber er besucht mich nicht. Das ist bitter!"

Der Grund für die Trennung von den Eltern scheint häufig eine böse Schwiegertochter zu sein. Sie hat den

Sohn verhext, sie will ihn nicht teilen. Ohne ihren Einfluss wäre die Welt wieder in Ordnung. Meinen die Eltern.

„Quatsch", mutmaßt Jan, Mitte dreißig, Familienvater, zwei Kinder. „Ich habe zu Hause nur geschluckt und mich angepasst. Ich sollte den Laden meines Vaters übernehmen, habe dafür meinen Meister gemacht, aber zufrieden war ich nicht. Keiner hat mich gefragt, ob ich gerne Juwelier werden möchte. Es war so beschlossen und damit basta! Und es war ja auch lukrativ. Erst meine Frau hat mich mal direkt gefragt, ob ich glücklich bin, und da hatte ich den Mut, mir einzugestehen: Ich würde viel lieber etwas mit Menschen machen und nicht goldene Anhänger löten wie mein Alter. Und da habe ich meine Ausbildung hingeschmissen und mein Vater hat getobt. Meine Mutter machte mir nur Vorwürfe: Dass du das deinem kranken Vater antun musst! Mein Vater litt an hohem Blutdruck, aber dafür kann ich nichts. Für meine Eltern stand meine Frau nun auf der Abschussliste: Sie hatte mich gegen meine Eltern aufgehetzt. So wollten es meine Eltern sehen.
Ich sehe es anders. Sie hat mich verstanden und mich wirklich unterstützt. Denn ich musste ja eine komplett neue Ausbildung beginnen." Und das sollte schnell gehen, denn das erste Kind war unterwegs. Heute arbeitet Jan in seinem Versicherungsbüro, hat mit vielen Menschen zu tun und ist zufrieden.
Seine Eltern sind es nicht: Immer wieder hörte er Vorwürfe: Sie hätten das Geschäft für ihn aufgebaut, er sei undankbar, er würde zu wenig verdienen ... „Ihre dauernde Nörgelei geht mir auf den Keks, ich will das nicht mehr hören." Kontakte gibt es nur noch zu hohen Festtagen. „Schade, denn die Kinder kennen ihre Großeltern kaum und fragen selten nach ihnen. Von uns aus könn-

ten sie meine Eltern besuchen, aber sie äußern nicht den Wunsch."

Auffällig oft gibt es die böse Schwiegertochter gerade bei engen Eltern- Kind Beziehungen. Es scheint, als wenn sie diese Verbundenheit zerstören würde.

Das tut sie ja auch und ermöglicht dem Sohn die Abnabelung von seinen Eltern. Aber sie macht es nicht böswillig, sondern folgt der Stimme der Natur: Sie will ihn ganz für sich haben, und er wird seinem Weibe folgen und seine Eltern verlassen, wie es die Bibel schon verheißt.

Darüber sind die Eltern nicht immer glücklich. Sie fürchten, ihr Kind zu verlieren, und darum hegen sie der jungen Frau gegenüber zwiespältige, oft auch ablehnende Gefühle. Eigentlich wollen sie ausdrücken: Du störst unsere schöne heile Welt, und darum mögen wir dich nicht!

Die Eltern vergessen: Wo die Liebe hinfällt, da breitet sie sich auch aus. Die Liebenden brauchen einander – doch brauchen erwachsene Kinder unbedingt ihre Eltern?

Überhaupt scheint die Wahl eines Partners die Quelle vieler Zerwürfnisse zu sein.

Iris, Akademikerin, heiratete einen angestellten Handwerker und erlebte „die Hölle auf Erden": „Meine Eltern lagen mir nur noch in den Ohren, dass ich wohl verrückt sein müsste, unter meinem Stand zu heiraten. Das würde niemals was werden, die Scheidung sei programmiert. Ich würde schließlich Dichter wie Goethe kennen, er nur seinen Radmutternschlüssel. Sie drohten mit Enterbung, ich nahm das locker. Sollte ich mich wie ein kleines Mädchen ducken? Liebten sie mich nur, wenn ich alles nach ihrem Wunsch machte? Meine Mutter meinte kategorisch: Du musst dich entscheiden:

Wenn du ihn willst, verlierst du uns. Wir halten dieses Drama nicht aus.

Tatsächlich trennten sich unsere Wege. Meine Eltern wohnen in der gleichen Straße wie wir, aber wir grüßen uns nicht. Sie dachten wohl, mit ihrer Drohung würden sie meine Liebe ändern können. Na ja, die Liebe zu ihnen hat sich ja verändert. Sie ist nicht weg, aber ganz schön erkaltet.

Inzwischen bin ich über 13 Jahre glücklich verheiratet, also kann meine Partnerwahl wohl nicht ganz falsch gewesen sein. Aber verklickern Sie das mal meinen Eltern! Wenn die einen Schritt auf mich zu machen und mir die Hand geben würden – ich wäre ganz froh. Denn richtig beendet ist das so nicht. Unser Sohn weiß nicht mal, dass das seine Großeltern sind. Alles unmöglich! Und nur, weil sie sich was in den Kopf gesetzt hatten und ich wie ein kleines Mädchen spuren sollte."

Iris schüttelt ihren Kopf: „Eigentlich völlig bescheuert!"

Immer wieder fällt mir in den Schilderungen der Jüngeren auf, wie sehr sie von der Richtigkeit und Rechtmäßigkeit ihrer (damaligen) Entscheidung überzeugt sind. Schuld und Unschuld sind klar verteilt, die Eltern sind die Bösen vom Dienst, die sich nicht erwartungsgemäß verhalten haben. Und darum müssen sie bestraft werden.

Die Älteren scheinen ihre „Schuld" anzunehmen, zumindest klagen sie selten an. Die Angst vor dem endgültigen und totalen Kontaktabbruch lähmt ihre Aggressionen. Kein Elternteil haute mal auf den Putz und beschwerte sich kräftig: „Mein Kind, das verwöhnte und anspruchsvolle Wesen. Was bildet diese Generation sich eigentlich ein? Mir reicht dieses wehleidige und jammervolle Verhalten! Wenn man mich nicht will, dann eben tschüss!"

Der schon zitierte Theologe Stollberg geht mit den Eltern hart ins Gericht und wirft ihnen „Lauheit, Konfliktvermeidung und Profitorientiertheit" vor, und diese unschönen Eigenschaften sind seiner Meinung nach auf „Kosten von Kontakt, Konflikt und Kommunikation mit der Jugend gegangen."

„Wenn meine Eltern mich anders erzogen hätten, dann hätte ich heute mehr Chancen im Leben", davon ist Matthias überzeugt. „Meine Eltern haben sich nie verstanden, in der Schule haben sie mir nicht geholfen, so dass ich immer ein miserabler Schüler war. Richtiges Selbstbewusstsein habe ich auch nicht lernen können.

Ich wollte Fußballspieler werden, aber das durfte ich nicht. Ich sollte eine anständige Lehre machen. Also wurde ich Maler, denn da muss man nicht bei jedem Wetter draußen arbeiten. Aber wer braucht heute noch einen Maler? Die Leute machen doch fast alles selber. Heute bin ich ohne Job und ohne Geld. Ein Scheiß-Leben ist das!

Nee, mit mir haben sich meine Eltern keine Mühe gegeben, und darum will ich nichts mehr mit ihnen zu tun haben. Mir reicht es!"

Vielleicht ist das auch eine Scheiß- Einstellung, wenn den Eltern alle Schuld für die Ereignisse im eigenen Leben in die Schuhe geschoben wird. Aber es entlastet, man muss sich nicht an die eigene Nase fassen und nicht an der eigenen Weiterentwicklung basteln: Solange meine Eltern mein Leben verbockt haben, solange kann ich meine Füße hochlegen und abwarten. Früher charakterisierten wir das so: „Geschieht meiner Mutter ganz recht, dass mir die Finger abfrieren. Warum kauft sie mir keine Handschuhe?"

Schlechte Frage – gute Antwort: Weil man sich als Erwachsener alleine Handschuhe besorgen kann. Es gibt dafür sogar Geschäfte. Aber reingehen – das muss man schon selber.

„Meine Mutter hat meine Ehe auf dem Gewissen, denn sie hat dauernd gegen meine Frau gestänkert. Irgendwann wurde es meiner Frau zu viel, und sie hat mich verlassen."

Das klingt schon fast wie unterlassene Hilfeleistung, nämlich der eigenen Frau gegenüber. Schließlich ist es nicht verboten, als Ehemann in Erscheinung zu treten und die Angriffe der Mutter zu stoppen: „Entweder du akzeptierst meine Partnerwahl und hältst deinen Mund, oder ich werde den Kontakt zu dir abbrechen." Anders gesagt: Ein erwachsener Mann muss wissen und deutlich machen, wo er steht, und gute Mütter kommen nicht umhin, ihre Söhne loszulassen.

Nicht die Mutter hat diese Ehe zerstört, sondern der Mann, der keine klare Stellung bezog. Meine Vermutung: Die Frau hatte von dieser sich duckenden Haltung genug und wollte nicht länger mit einem (enttäuschenden) Weichei ins Bett.

Natürlich müsste auch hier die Mutter ihr Fett abkriegen, schließlich scheint sie ihren Sohn nicht gerade zu einem mutigen Mann erzogen zu haben. Dennoch ist die Entwicklung, Gott sei Dank, nicht mit dem Abschied aus dem Elternhaus beendet, sondern unser waches Gehirn lechzt danach, auch später noch viel zu lernen, auszuprobieren und neue Erfahrungen zu erleben. Man könnte schauen, wie andere das mit dem unerwünschten Einfluss ihrer Mütter regeln. Auch Filme und Fernsehserien zeigen manchmal, wie es gehen kann. Die einzige Bedingung: Man muss wollen und sich trauen!

Die Beispiele weisen auf unterschiedliche Ursachen für den Bruch der Kinder mit ihren Eltern hin. Sie zeigen natürlich nur die Spitze eines Eisberges, manches wird auch bei genauerem Hinsehen noch verborgen bleiben.

Doch eins ist klar: Ein ideales Rezept zur Lösung solcher Konflikte gibt es nicht.

Ein Vater fragte mich unumwunden: „Wo liegt denn die Störzone für das Verschwinden unserer Tochter?" Die Frage greift zu kurz, denn es handelt sich höchst selten um einen klar umgrenzten Bereich. Man kann nicht mal eben einen Schalter umlegen und etwas verändern. Vielmehr geht es um eine innere Haltung, eine Einstellung zu uns selbst, zum Kind, zu Mitmenschen, zu Verwöhnung und Strenge, zu Pflichten, Freiheit und Disziplin, um das, was wir tagtäglich mit und ohne Worte ausdrücken, und was uns und unsere Kinder prägt.

Es mag enttäuschen, doch die Ent-täuschung ist das Ende einer Täuschung: Wir täuschen uns, wenn wir in der Familie zwanghaft einen Hort des stets friedlichen und wohlwollenden Zusammenlebens sehen wollen.
Immer wieder kommt es sogar zu Gewalt innerhalb der Familie.
„Die Familie ist ein Schlachtfeld", meint der Kriminologe Kai Bussmann von der Universität Halle/Saale (in der Braunschweiger Zeitung, 24.7.2010). Es gäbe kaum einen gefährlicheren Ort als die Familie. Psychologen haben als Ursache dafür ein Defizit ausgemacht. Die Steuerung heftiger Gefühle, beispielsweise Angst, Wut, Trauer, versage immer mehr, weil der Umgang mit solchen Affekten im Zusammenleben nicht ausreichend geübt werde. Es herrsche ein schlimmer Mangel an Gesprächen über persönliche Empfindungen.

Natürlich benötigen solche Gespräche Zeit – und die scheint es immer weniger zu geben. Beruf, Einkäufe, Unternehmungen, Computerspiele, Sport und Fernsehen rauben viel Zeit. Absprachen werden getroffen, aber die

Frage, wie es dem anderen geht, wird leicht vergessen. Kinder werden von heftigen und widersprüchlichen Gefühlen beherrscht. Sie lernen erst allmählich, wie sie damit umgehen können, und dass man Gefühle in Worten statt Taten ausdrücken kann. Und dazu benötigen sie gute Vorbilder, und zwar aus Fleisch und Blut und nicht auf dem Flachbildschirm.

Erziehung ist eben nicht kinderleicht!

Der Super- Gau

Der Bruch der Kinder mit ihren Eltern stellt so etwas wie den Super- Gau dar.

Aus vielen Gesprächen und Briefen Betroffener weiß ich, dass sich Eltern Tag und Nacht mit der Frage nach den Ursachen und Hintergründen für das Verhalten ihrer Kinder quälen: Warum ist gerade uns das passiert? Was haben wir falsch gemacht?

Ich möchte einige Erklärungen anbieten. Aber es kann nur die Spitze eines Eisbergs sein.

Zwischen uns passte kein Blatt Papier:
Warum Kinder gehen, was Eltern beachten sollten

Eltern verzeihen ihren Kindern
die Fehler am schwersten,
die sie ihnen selbst anerzogen haben.
Marie von Ebner-Eschenbach, Aphorismen.

Familie macht das Leben reicher, aber auch komplizierter. Manchmal ist sie so etwas wie ein Klotz am Bein, manchmal bietet sie Rückhalt und Sicherheit.

Wäre das Leben ohne Familie einfacher?

Familienleben – das ist so etwas wie die PS beim Auto: Je mehr davon, desto besser. Es kommt aber nicht auf das Mehr an, sondern was man daraus macht.

Sie brauchen nicht Sexualkunde studieren, um Eltern zu werden, aber etwas Psychologie kann nicht schaden, um auch Eltern zu bleiben.

Heile Familien müssen nicht automatisch glücklich sein. „Unheilig" bedeutet nicht kaputt, sondern ehrlich und emotional aufrichtig. Denn wo viel Licht scheint, gibt es auch Schatten. Der Schatten, dass sind Machtkämpfe und Auseinandersetzungen, Zeter und Mordio – und später die Versöhnung. Aber zum Schatten gehört auch das Licht!

Familie ist gefährlich, weil alles so leicht scheint und so automatisch abläuft – solange die Kinder noch klein und süß sind.

Wenn Sie dieses Buch lesen, dann haben Ihre Kinder Sand ins Familiengetriebe gestreut. Wenn Sie Glück haben, knirscht es nur. Dann ist das Leben nicht mehr leicht. Das Getriebe kann aber nach längerem Knirschen sogar kaputtgehen. Dann tut es richtig weh.

Und dann nutzen Jammern und Wehklagen wenig. Es

muss gehandelt werden.

Um mit den Kindern Kontakt aufnehmen zu können, bedarf es einiger Kenntnisse über die Ursachen der Distanzierung, über die Entzweiung. Falls Sie nämlich einen Kontaktversuch starten möchten oder auf ein Angebot Ihres Kindes reagieren wollen, dann ist das nur Erfolg versprechend, wenn Sie von einer anderen, nämlich wissenderen Basis starten. Ihr Kind muss spüren und erleben, dass sich Ihr Verhalten geändert hat, und man darum neu starten kann. Das Weggehen des Kindes markiert keine Auszeit oder eine Unterbrechung der Familienharmonie, sondern ist so etwas wie ein Aufschrei: Die Art und Weise, wie ihr mit mir umgeht, die ist für mich ganz und gar nicht in Ordnung, die will ich mir nicht länger antun, und darum gehe ich.

Der Apfel fällt nicht weit vom Stamm, und darum tragen unsere Kinder auch unsere nicht so schönen Seiten in sich, und genau das wollen Eltern häufig nicht wahrhaben. Dazu meinte das Fernseh-Urgestein Robert Lemke: „Das Grundproblem der Erziehung besteht darin, zu verhindern, dass die Kleinen werden, wie wir sind."

Aber wir können es nicht verhindern.

Kinder entwickeln sich so, wie es die Gene wollen, wie wir es als Erziehende vorleben und mit welcher inneren Haltung wir erziehen. Viele, sehr viele Faktoren spielen mit. Eltern sollten nicht zu narzisstisch sein: Sie sind möglicherweise nicht mal der entscheidende Faktor im Mix der Entwicklung und Erziehung!

Kinder erinnern ein wenig an den Erwerb von Aktien: Er kann bereichernd sein – muss es aber nicht.

Bei der Erziehung stehen weniger Berater zu Seite, denen man später etwas in die Schuhe schieben kann. Auf den Folgen der Erziehung bleiben wir alleine sitzen. Notfalls können wir unseren Partner belasten. Dann wackelt aber unsere Ehe.

Eigentlich wollte ich nur sagen: Es ist alles viel komplizierter als gedacht. Aber das merkt man erst später.

Und darum müssen wir mal hinter die Kulissen blicken, der Erziehung auf den Zahn fühlen.

Ich fürchte, jetzt mache ich mich unbeliebt bei Ihnen: Es geht um die Ursachen und Gründe für die Spannungen zwischen Kind und Eltern, die schließlich zur Kontaktvermeidung führen können.

Dieses Kapitel ist möglicherweise starker Tobak – aber dennoch notwendig. Denn ohne Kenntnis oder zumindest eine Ahnung vom Vorgefallenen haben Sie keine Chance, den Kontakt wieder herzustellen und die Beziehung zum Kind zu verbessern.

Packen wir es an! Denn das Schlimmste ist nicht der fehlende Kontakt, sondern Ihr schlechtes Gewissen und Ihre Grübelei, wenn Sie sich zum x-ten Male mit der Frage martern: Was habe ich bloß falsch gemacht?

Besonders schlimm, dass sich die Kinder diese Frage nicht stellen. Es scheint nur fürchterliche Eltern zu geben! Doch damit müssen Eltern leben. Es kommt nämlich nicht auf die Suche nach Schuldigen an, sondern dass man zusammen durch dick und dünn geht. Die Mafia beweist das!

„Familienleben" – das ist nicht nur eine Beschreibung, sondern eine Einstellung des Herzens. Familienleben: Da geht es um Leben und Lebendigkeit, da passiert etwas, da keimen und entladen sich Gefühle und Hoffnungen, Enttäuschungen und Glücksmomente. Familie fordert und produziert Gefühle! Sie ist Biologie und Psychologie. An der biologischen Wurzel können Sie nur wenig drehen, an der seelischen schon.

Zuvor empfiehlt es sich, einige Entwicklungsstadien des

Kindes Revue passieren zu lassen.

Zuerst: Es ist etwas schiefgelaufen! Aber, ganz, gaaanz wichtig: Es ist längst *nicht alles* schiefgelaufen!

„Habe ich denn alles falsch gemacht? Bin ich eine Rabenmutter oder ein Rabenvater? Ich muss ja ein Scheusal sein, wenn mein Kind mich nicht mehr kennen will", sagen sich manche Eltern, und andere fragen sich fassungslos: „Was habe ich bloß verbrochen, wenn mein Kind die Höchststrafe einsetzt, die Verleugnung seiner Eltern?"

Sie haben garantiert nicht „alles" falsch gemacht, denn Ihre Kinder scheitern selten, meistens gar nicht im Leben. Oft sind sie sogar besonders erfolgreich im Beruf, reizende Väter und Mütter und angesehene Nachbarn. Sie, die Eltern, haben ihnen viel mitgegeben! Das Leben gelingt den meisten dieser Kinder. Nur nicht der Kontakt zu den Eltern. Da gibt es eine Barriere.

Sie als Eltern haben nichts verbrochen, denn Sie haben nicht mutwillig falsch gehandelt. Sie sind höchstens in Erziehungsfallen getappt, waren zu naiv, zu vorsichtig oder haben sich zu wenige Gedanken gemacht.

Dietrich Stollberg, Theologe und Ehe- und Familienberater, sieht die individuellen zusammen mit gesellschaftlichen Zusammenhängen: „Wenn jedoch die Alten im Bereich der Autorität, des Konflikts und des Kontakts versagen, weil sie zu Konfliktvermeidern erzogen wurden, braucht man sich nicht zu wundern, dass die Jungen darauf mit gesteigerter Aggressivität (die ja auf Kontakt gerichtete Energie bindet) reagieren."

Welche Fehler haben Eltern gemacht?

Fehler? Eigentlich keine. Denn um einen Fehler zu machen, müsste ich zuerst wissen, wie es „richtig" ist, und das ist bei Fragen der Erziehung nicht ganz einfach, weil auch der Zeitgeist mitmischt, und was heute gelobt wird, das kann morgen schon verteufelt werden.

Erzogene Eltern

Als Menschen sind wir begrenzte Wesen, und es ist uns nicht möglich, immer das zu tun, was vielleicht sinnvoll oder gut wäre. Ein temperamentvoller Vater braust nun mal schneller auf als ein ruhiger, eine angespannte Mutter reagiert schneller genervt als eine andere Frau mit viel Zeit und innerer Ruhe. Berufliche Sorgen stressen, rauben den Schlaf und führen dazu, dass wir auch für die Kinder nur noch dünne Nerven haben. Ein depressiv getönter Elternteil wird seine Stimmung wie Mehltau in der Familie verbreiten, ob er will oder nicht.

Man kann leider nicht so einfach aus seiner Haut! Darum bemerkte Goethe: „Man könnt' erzogene Kinder gebären, wenn die Eltern erzogen wären."

Tja, lieber Herr Goethe, wie recht sie doch haben, aber das Problem liegt gerade darin, dass Eltern erzogen, also vorbelastet, sind.

Sie sind geprägt durch die eigenen Eltern und die Familiengeschichte, die Erziehung und das gelernte Wertesystem.

„Elternsein ist die Kunst des Möglichen." Das soll Katharine Whitehorn gesagt haben. Ich weiß nicht, wer das ist, aber ich finde diese Erkenntnis stimmig – und hilfreich. Schließlich ist nicht alles möglich, denn wir sind Wesen mit Ängsten und Begrenzungen. Wir sind erzogen, mit anderen Worten: Wir sind seelisch ein wenig amputiert. Wir durften bestimmte Dinge nicht, und darum sind wir nicht frei und können nicht alles leisten, was schön und gut wäre.

Wenn jemand in seiner Herkunftsfamilie selten Konflikte erlebt hat, dann wird es für diesen Menschen nicht ganz leicht sein, Konflikte mit seinen Kindern auszutragen.

Wer eine strenge Erziehung erfahren und erlitten hat, der will möglicherweise alles ganz anders als die Eltern machen und wird darum zum glühenden Verfechter einer gewährenden Pädagogik.

Wenn Leistung gefragt war, um geliebt zu werden, dann schätzt man als Vater oder Mutter vielleicht ebenfalls fleißige Kinder, kümmert sich intensiv ums Aufräumen des Kinderzimmers, die Schulnoten und die „richtige" Freundin oder den „passenden" Freund.

Ängstliche Eltern wollen ihr Kind lieber schützen als fordern und muten ihm vielleicht und ohne es zu wollen zu wenig zu. Der Nachwuchs neigt dann ebenfalls zur Ängstlichkeit, fürchtet sich vor Herausforderungen, wird in der Schule gehänselt – und lastet all das seinen „miesen" Eltern an.

Erziehung ist mehr als die strikte Befolgung einiger Regeln! Eigentlich müsste man sich selbst erstmal kennen lernen, seine eigenen Schwächen, Vorlieben und Ängste, seine eigenen Erziehungsmöglichkeiten. Aber kennen wir uns so gut?

Es wird noch verzwickter, denn auch Freunde, Lehrer und die Gesellschaft erziehen mit, und das meistens unkontrollierbar und nicht immer im gewünschten Sinne. Gerade ein ängstliches Kind sucht sich gerne starke und freche Freunde, um sich bei denen etwas abzugucken. An sich nicht schlecht, aber der Einfluss von außen kann so massiv anwachsen, dass sich das Kind von den Eltern entfernt und sein bisheriges Verhalten ganz schön ändert. Je mehr Sie dagegen reden, desto lächerlicher wirken Sie, und desto stärker entfernt sich ihr Nachwuchs. Sie können nur entdecken, was bei den Miterziehern so attraktiv ist, um zu konkurrieren.

Schon im März 1992 war in „SPIEGEL online" zu lesen:

„Die Normbildung im Kindesalter funktioniert nicht mehr", meint Rektor Werner Rothenberger vom Schulamt Frankfurt. Tatsächlich werden die von Eltern, Lehrern und Erziehern vorgegebenen Normen immer seltener akzeptiert. Auswüchse der Erwachsenenwelt - Habgier, Skrupellosigkeit, Gewalt - spiegeln sich dagegen deutlich im Fehlverhalten der Jungen wider.

In die Rolle von Vorbildern rücken zunehmend Helden von Mattscheibe und Leinwand, vornehmlich gewalttätige Figuren wie „Rambo" und der „Terminator".

Harmonie und knallende Türen

„Jedes Kind, das etwas taugt, wird mehr durch Auflehnung als durch Gehorsam lernen" erkannte der beliebte Schauspieler Sir Peter Ustinow. Ein guter Beobachter!

Auflehnung innerhalb der Familie?

Am Anfang war das Wort – und dann gab ein Wort das andere, dann gab es Zank und Streit?

Nein, leider war es nicht so.

Ich habe keine Familie mit Trennungs- und Abnabelungsproblematik kennen gelernt, in der die offene Auflehnung freudig begrüßt und Auseinandersetzungen akzeptiert und gepflegt wurden.

Vielleich waren da mal ein Aufflackern oder ein ungeschickter Protest zu registrieren, aber dass es so richtig krachte, Türen knallten und dennoch nach ein paar Tagen Versöhnung angesagt war: Fehlanzeige. Es fehlten die zornigen, hingeschmissenen und im Affekt ausgestoßenen Anschuldigungen und Abneigungen. Man übte sich stattdessen im Harmoniearrangement und schluckte Ärger und Enttäuschung runter.

Und darum trifft es besonders solche Familien, wo die Welt in Ordnung schien, bis der Weltuntergang, die

Trennung, eintrat. Es überrollte Mütter, die stolz erzählten, dass ihr Sohn keine Probleme bereitete und während der Pubertät Bekannte neidisch fragten: „Wie kriegst du das nur hin, dass ihr euch nicht zankt?"

Es gibt in der Regel kein einzelnes Ereignis, dass zum Kontaktabbruch führt, sondern es ist die Summe einzelner Situationen, in denen das Unverständnis seinen Lauf nimmt. Es sind einzelne Enttäuschungen und Ärgernisse, die von den Kindern heimlich wie in einem Rabattmarkenbuch gesammelt werden. Und irgendwann ist Zahltag, da wird den Eltern das volle Buch um die Ohren geknallt.

Nein, so ganz stimmt das eben nicht. Es wird nicht geknallt, denn es fehlt die spür- und hörbare Explosion. Die Kinder entfernen sich zuerst innerlich und dann äußerlich, sie fühlen sich nicht gesehen, nicht gewürdigt, nicht verstanden. Wohlgemerkt: Die Kinder empfinden es so! Das bedeutet keinesfalls, dass die Eltern sie tatsächlich nicht sehen. Aber ihr Protest, ihr Aufmucken, ereignet sich so innerlich und so diskret, dass die Eltern es nicht rechtzeitig mitbekommen.

Aber wenn die Eltern Glück haben, kommt es zum verbalen Ausbruch. Und dann wird es spannend: Wie gehen die Erzieher mit dieser Situation um?

Meistens werden die Eltern davon überrascht und reagieren in dieser Anspannung gereizt, eventuell laut und aggressiv. Sie machen Vorwürfe, obwohl sie es doch nicht wollen, verfallen in Androhungen, die an den Kindern abprallen, können und wollen ihre Schwächen nicht eingestehen, kehren die harte Autorität heraus und halten Kompromisse für Schwäche.

Die Kinder, ungeübt in der Auseinandersetzung, gebrauchen harsche Worte, sehen alles nur noch in schwarz oder weiß, verteidigen trotzig ihren Standpunkt und halten eine Annäherung für eine Kapitulation.

Wir sind alle nur Menschen, und Menschen machen nun mal Fehler. Eltern müssen Beruf und Autofahren lernen, aber Ehe, Familienleben, Kommunikation, das Lösen von Problemen und die Kindererziehung, also ziemlich wichtige Lebensaufgaben, die scheinen wir nicht lernen zu müssen. Es wird erwartet, dass wir das einfach können, dass unsere Mutter- und Vaterliebe uns steuern und zu den richtigen und angemessenen pädagogischen Erkenntnissen und Verhaltensweisen führen.

Genauso gut könnten wir annehmen, ein Autonarr manövriere sein Fahrzeug automatisch gut und verantwortungsvoll. Ich habe es lieber mit geschulten Autofahrern zu tun! Die gute Absicht reicht mir nicht, um kritische Situationen auf Glatteis zu meistern. Da hätte ich lieber einen Schleuderkurs. Für Autofahrer gibt es so etwas (auch wenn diese Möglichkeit selten genutzt wird, denn gerade Männer beherrschen ja ihr Auto in allen Lebenslagen ...), doch für Eltern? Fehlanzeige!

Ich schätze es, wenn mein Klempner nicht nur Sympathie für seinen Beruf empfindet, sondern wenn er über solide Kenntnisse verfügt, damit es nicht länger tropft.

Wir haben die Aufgabe des Erziehens nicht gelernt und darum geht einiges schief, zwangsläufig! Das sollten Eltern und Kinder liebevoll bedenken.

Glücklicherweise sind Kinder so rücksichtsvoll, dass sie das verstehen und verzeihen, wenn, ja, wenn sie sich angenommen und verstanden gefühlt haben, wenn sie die Luft zum Atmen hatten, die sie meinten zu brauchen, wenn es Möglichkeiten des Protestierens gab, ohne dass die Eltern gekränkt und verletzt waren. Dann sagen sie sich: Im Prinzip haben meine Eltern es gut mit mir gemeint, auch wenn sie manchmal zu streng oder zu lasch reagiert haben. Aber sie sind eben nur Eltern und keine Profis. Also will ich mal nachsichtig sein. Und es kann sogar sein, dass eine zu große Strenge im nachhinein als hilfreich beurteilt wird: Der Klaps damals hat mir nicht geschadet.

Eltern als beste Kumpel

In der Psychologie weiß man seit langem, dass Kinder starke und verlässliche Eltern lieben und schwache, allzu nachgiebige Erzieher verachten. Eltern sollten einen Schritt voraus sein, Grenzen setzen, selbstbewusst agieren und eindeutig auftreten. Dennoch sollten sie nicht autoritär auftreten, sondern ihr Kind gut kennen und wissen, wie es anzupacken ist, wie man mit ihm reden muss, wie man auch zum Widerspruch ermuntert, damit die Auseinandersetzung geübt werden kann, und zwar von beiden Seiten.

Eltern sind nicht die besten Freunde! Mit Freunden teilt man Geheimnisse, die die Alten nicht wissen sollen, da raucht man heimlich, quatscht über Mädels, süße Jungs und Sex, lebt in einer ganz bestimmten und eigenen Welt.

Wenn Mütter stolz verkünden, die beste Freundin ihrer Tochter zu sein, dann sollten alle Alarmglocken ohrenbetäubend schrillen! Solche Mütter wollen am Leben der Kinder teilhaben, um sich noch einmal jung zu fühlen und Gesellschaft zu genießen. Dafür ist aber der Partner der Adressat. Vorsicht vor Verwechslungen!

Die Krux moderner Familien ist ihr Wunsch nach Harmonie. Streit und Auseinandersetzungen sind verpönt. Sie verfahren nach dem Spruch: Gut ist eine Familie dann, wenn man jederzeit den Papagei verkaufen kann. Denn schlimme Wörter kennt er nicht.

Um das Harmonieideal zu erreichen, gibt es verschiedene Wege:

Modern ist der partnerschaftliche Erziehungsstil.

Dabei werden Probleme in der Familie mit allen diskutiert, und der Wille des Kindes nach Möglichkeit respektiert, oder es wird in endlosen Erklärungen der Versuch unternommen, das Kind umzustimmen und auf den gewünschten Weg zu bringen. Versuchen Sie bitte mal für einen Moment sich vorzustellen, welche Folgen das für ein Kind haben kann.

Der frühere Bundeskanzler Helmut Schmidt soll gesagt haben, es ginge nicht an, dass innerhalb der Familie auch noch ausdiskutiert würde, wer denn der Vater sei.

Solche Familien möchten ohne Hierarchien sein, und das Kind erlebt seine große Wichtigkeit und Bedeutung. Und wo lernt es Anpassung, die Achtung anderer Meinungen, wo erlebt es einen beschützenden Rahmen? Wie kann es dabei lernen, seine Ärger- und Wutgefühle wahrzunehmen und auszusprechen? Wie soll sich Frustrationstoleranz entwickeln, wenn es keine Anforderungen und Auseinandersetzungen gibt?

Beliebt ist auch die symbiotische Beziehung zwischen Eltern und Kind. Hier gibt es keine ausreichende Trennung zwischen Eltern und Kind, das Kind ist Teil der Eltern. Versemmelt der Sprössling die Mathearbeit, dann war nicht er faul, sondern der Lehrer unfähig oder zu streng. Mami fühlt sich selber angegriffen und rennt protestierend zum Lehrer, um mehr für ihren Sprössling herauszuholen, und der Sprössling sagt sich: Sie wird es schon für mich richten. Ich brauche nur die Füße hochzulegen und abzuwarten. Die Eltern sind engagiert und tun alles für mich. Ich bin eben wichtig und großartig.

An solche Kinder werden zu geringe Ansprüche gestellt. Der früher bekannte Ratschlag, sich beim nächsten Mal gefälligst auf den Hosenboden zu setzen, scheint unbekannt. Bei schlechten Zensuren haben sich die dummen Lehrer gefälligst anzustrengen, sonst kommt ein Anwalt ins Spiel. Lehrer wissen ein trauriges Lied davon zu singen.

Das Verhalten der Kinder ist für diese Eltern im Prinzip in Ordnung und es wird nicht mehr hinterfragt – und so haben die Eltern ihre Ruhe.

Ahnen Sie schon etwas?

Ihre Kinder machen es heute vielleicht ähnlich mit Ihnen: Ihr seid an allem schuld – ich habe nichts Schlimmes getan. Der Schwarze Peter ist nur bei euch!

Es gibt auch Eltern, die bei ihrem Kind Anerkennung und Zuneigung suchen, die ihnen sonst im täglichen Leben fehlen. Gerade wenn in der Partnerschaft Nähe und Bestätigung dünn gesät sind, wird das Kind leicht zum Ersatzpartner, mit dem zu viel Persönliches besprochen wird: Wir haben keine Geheimnisse voreinander.

Damit Sie mich nicht falsch verstehen: Alle Eltern genießen es, von ihren Kindern gedrückt und liebkost zu werden. Aber es gibt auch Situationen, in denen ein Machtwort gesprochen werden und eine Bestrafung passieren muss. Da will man nicht geliebt werden, sondern das Kind erziehen. Beides kriegt man nicht immer unter einen Hut.

Hier meine ich solche Eltern, die auf die Zuneigung ihres Kindes angewiesen sind, weil sie sonst zu verhungern drohen. Da wird nicht bestraft, weil man fürchtet, nicht mehr geliebt zu werden, da wird lasche Nachgiebigkeit gegen Zuwendung erkauft.

Das Kind fühlt sich überlegen und verfällt dem Trugbild, größer als die Erwachsenen zu sein. Als Muttis Tröster in angespannter Ehe der Eltern vertauschen sich die Rollen von Eltern und Kind.

Und das Kind erlebt: Es gibt keine Einschränkungen für mich, ich kann mir alles erlauben.

Es dreht sich alles um mich!

Und das soll auch später so sein! Es dreht sich alles um mich – also müssen im Konfliktfall auch die Eltern auf mich zu gehen.

Solche Erziehungsstile werden nicht bewusst ausgesucht, sondern sie schleichen sich ein und werden nicht mal bemerkt. Sie erscheinen den Erziehenden als völlig selbstverständlich und normal, doch sie sind es nicht.

Sie resultieren aus der großen Erziehungsfalle, in die wir alle mehr oder weniger getappt sind.

1969 schrieb die Psychoanalytikerin Annemarie Dührssen in ihrem Lehrbuch „Psychogene Erkrankungen bei Kindern und Jugendlichen" bemerkenswerte Erkenntnisse: „Oft genug werden moralisierende Vorträge für das geeignete Erziehungsmittel gehalten. Der Wert eines ruhigen, festen Verbotes zur Steuerung unverständiger und überschießender Impulse ist den meisten dieser Mütter unbekannt."

Und weiter: „... Es ist kein Zweifel darüber, dass man ein Kind nicht tiefer ängstigen kann, als dadurch, dass man ihm alles erlaubt."

Ähnlich beschreibt es in unserer Zeit der Kinder- und Jugendpsychiater Michael Winterhoff in seinem Buch über die kleinen Tyrannen: „Kinder, die in einer Beziehungsstörung aufwachsen, haben manipulatives Verhalten gegenüber Erwachsenen gelernt, da sie kein Gegenüber mehr erkennen und als Begrenzung des eigenen Ich erfahren können."

Rund 40 Jahre liegen zwischen diesen beiden Veröffentlichungen. Was ist in dieser Zeit passiert?

Eine ganze Menge.

Die antiautoritäre Erziehung brandete mit Wucht über uns hinweg und fortan war eine Laissez-faire-Erziehung der letzte Schrei.

Erinnern Sie sich noch an die vielen Schüler- Filme,

beispielsweise „Die Lümmel von der ersten Bank?" Oft spielte Hansi Kraus mit, einmal sogar Gustav Knuth (auch Schauspieler müssen finanziell überleben). Die Thematik war ähnlich: Freche Schüler zeigten es ihren dämlichen Lehrern, und reiche Eltern „kauften" sich mit einer Schenkung gleich eine gesamte Schule samt Direx (oft Theo Lingen). Von den dümmlichen und konsumorientierten Alten war nichts zu erwarten, aber bei den Jungen ging es hoch und sexy her, da tobte das wahre Leben. Und die Eltern duldeten alles, waren mit sich (und dem Geldscheffeln) beschäftigt und wollten nicht gestört werden. Mehr noch: Sie bewunderten den frechen Lebensstil der Jüngeren!

Eigentlich hätten die Filmtitel so heißen müssen: Uns gehört die Welt – der Rest interessiert uns nicht. Wir können uns alles erlauben! Unsere Eltern haben nichts mehr zu sagen – glücklicherweise sagen sie sowieso nichts.

Nichts mehr mit ehrlicher und konfliktträchtiger Auseinandersetzung! Nur noch gewährende und gelangweilte Großzügigkeit der Erzieher. Gut gemeint – doch nicht wirklich gut für die Kinder! Denn die brauchen mehr, nämlich auch Reibungsfläche, um wachsen zu können, und einen liebevollen Kampf, um sich zu spüren.

Und wenn da nicht mehr passiert, passiert dennoch etwas: „Aggressionsgehemmte Eltern produzieren aggressionsgehemmte Kinder, deren Hemmung möglicherweise durch extreme Ausbrüche an Vitalität überwunden oder jedenfalls überrannt wird" (Stollberg, 1983). Ausbrüche an Vitalität? Nun gut, 1983 fanden immerhin noch große Demonstrationen statt, die Welt sollte verändert werden. Doch das erscheint mir heute anders.

Eltern wurden großzügig, ließen ihren Kindern Freiheiten, die sie selbst vermisst hatten, und fühlten sich toll dabei: Sie waren ja modern: „Du möchtest dein Zimmer nicht aufräumen? Okay, dann lässt du es eben. Oder warte, ich mach das mal eben schnell für dich."

„Der Lehrer war ungerecht zu dir? Kein Problem, ich geh morgen zur Schule und beschwere mich bei ihm."

„Du brauchst ein neues Fahrrad, weil Jens auch ein neues hat? Gut, gehen wir am Samstag shoppen."

Die Kinder konnten kommen und gehen, wann sie wollten, Mutti schmierte auch abends um zehn noch drei Scheiben Brot dick mit Wurst, über Klassenarbeiten wurde nichts mehr erzählt, denn die Frage danach kam einer Einmischung in fremde Angelegenheiten gleich. Selbstverständlich war man auch tolerant und ließ den Freund oder die Freundin im Jugendzimmer mit übernachten, besorgte vorsichtshalber auch noch die Kondome, und zum Frühstück um kurz vor zwölf frische Brötchen. Das Schlaraffenland war ausgebrochen. Und Eltern genossen es auch, denn endlich gab es keinen Krach mehr, mussten keine Grenzen mehr gesetzt und keine mauligen Gören ertragen werden.

Gut und Böse

Dass Erziehung nicht kinderleicht und von unterschiedlichen Vorstellungen und Zielen bestimmt wird, belegt ein Gespräch mit dem Titel„ Von der Kunst des Erziehens" im Magazin „Die Zeit" vom März 2007.

„Der Mensch ist gut und böse – zugleich oder nacheinander in einem Leben", meint Daniel Cohn-Bendit, früherer Kinderladen- Aktivist und Sprecher der Pariser „Mai-Revolution" 1968 und spätere Politiker in einem Gespräch. Wegen dieses Dualismus von gut und böse müsse ein Kind erzogen werden: „Erziehung muss bedeuten, die Potenziale zu fördern, die jeder Mensch zur Verfügung hat." Führung und Formung nach dem eigenen elterlichen Ebenbild blockiere die Erreichung der wünschenswerten Autonomie. „Die Freiheit kann man sich nur erkämpfen und erstreiten."

Ihm widerspricht Bernhard Bueb, ehemaliger Leiter der Internatsschule Schloss Salem und Autor des Buches „Lob der Disziplin": „Der Weg dorthin führt über Unterordnung."

Einig sind sich die Kontrahenten in der Bedeutung der kindlichen Revolte. Sie sei wichtig zur Identitätsfindung. Doch dazu bedarf es erst mal einer Autorität, denn gegen wen oder was soll sich die Revolte sonst richten? Der Pädagoge bringt es in diesem Gespräch auf den Punkt: „Jugendliche haben ein Recht auf die Autorität ihrer Eltern und Lehrer." Die Eltern müssten jedoch ihre eigenen Wünsche loslassen. „Aber führen müssen sie das Kind, es an die Hand nehmen und sagen, wir gehen jetzt diesen Weg, und du gibst nicht gleich auf, auch wenn nicht alles sofort glattgeht."

Also nicht einen Anmeldezyklus nach Lust und momentaner Laune bei 33 Sportvereinen wegen wechselnder Interessen, sondern: Du bringst etwas zu Ende, auch wenn du jetzt mal gerade keine Lust hast. Sonst gibt es nichts Neues!

Dem widerspricht Cohn-Bendit kaum: „Erzieher oder Eltern dürfen keine Gummiwand sein, sie machen Angebote und begleiten dann die jungen Menschen auf ihrem Weg."

Das klingt nicht mehr so recht nach antiautoritärer Erziehung. 1968 wurde die autoritäre Erziehung als Ursache für den starken Nationalsozialismus ausgemacht. Das ist sicherlich nicht ganz falsch, andererseits auch nicht der einzige Grund für eine politische Bewegung.

Daniel Cohn-Bendit rückblickend: „Man ist den einen oder anderen Schritt zu weit gegangen. Man hat zu viel abgeschafft." Und weiter sagt er über den „Traum der antiautoritären Bewegung": „Sie wollte, dass eine Autorität sich durch ihre Fähigkeiten durchsetzt und diese kommunikativ vermittelt. Und dass sie es den Menschen somit ermöglicht, sich autonom und selbstständig fortzuentwickeln."

Das hört sich ganz gut an, aber: „Der Mensch ist gut und böse – zugleich oder nacheinander in einem Leben." Soll man also lieber (auch mal autoritär) handeln oder mit dem Sprössling kommunizieren? Setzt man da nicht zu sehr auf die im Gespräch zu vermittelnde Einsicht beim Kind? Und wenn das Kind nicht einsieht?

Doch eine Erfahrung wurde übersehen: Menschen sind immer unterschiedlich, jeder Jeck ist anders. Diese Unterschiede werden irgendwann bemerkt, weil zwei Menschen die Gegebenheiten aus zwei unterschiedlichen Blickwinkeln sehen, und nun wird es spannend: Wie damit umgehen? Wie kann ich den anderen von meinem Blickwinkel überzeugen? Wie kann ich mehr von deiner Sicht erfahren? Kann ich überhaupt längere Zeit zuhören oder neige ich dazu, andere Meinungen möglichst raffiniert zu widerlegen? Wie schließt man Kompromisse? Wer setzt sich wie durch und wie wird mit Frust und Ärger umgegangen? Ist Platz für solche Gefühle und halte ich die aus? Darf man sich tagelang aus dem Weg gehen?

Dass sind einige Fragen, deren Beantwortung darüber entscheidet, ob sie Weihnachten oder am Geburtstag Post oder Besuche von Ihren Kindern bekommen – oder ob nicht.

Wahrlich: Erziehen ist ein verdammt komplizierter Job, eine permanente Gratwanderung, eine Kunst. Aber Kunst wird auch von den besten Künstlern nicht am Fließband erschaffen. Manchmal kommt man nicht umhin, sich bloß durchzuwurschteln.

Familie als „Schlachtfeld"

In einer „guten" Familie knallen ab und an die Türen, denn da muss Platz sein für Gefühle, natürlich auch für heftige Emotionen.

Den Umgang mit heftigen Gefühlen schauen sich Kinder auch bei ihren Eltern und anderen Erwachsenen ab. Wie reagieren die, wenn sie enttäuscht sind, wenn etwas schiefgeht, wenn man über den Tisch gezogen worden ist?

Kinder müssen frühzeitig lernen, mit Ärger- und Wutgefühlen umzugehen und über ihre Empfindungen zu sprechen.

Gestaute Frustenergie kann sehr wohl in Worten abfließen, nur muss dafür Zeit da sein. Und wenn es schon keine gemeinsamen Mahlzeiten mehr gibt, schmilzt die Möglichkeit ausführlicher Gespräche, in denen es nicht nur um Sachliches, sondern auch um Gefühle geht: Offen über seine Gefühle reden und Kummer und Ärger abladen zu können, ohne Sanktionen befürchten zu müssen.

Dazu bedarf es zuhörender Eltern, die nicht Gefühle wegwischen, sondern höchstens mit den Kindern zusammen überlegen, wie ein Problem oder Ärgernis aus der Welt geschafft werden könnte.

Kinder trennen sich nicht, weil es Spannungen gibt, sondern wenn sie nicht mehr an die Akzeptanz ihres Standpunktes glauben. Gespräche machen nur dann Sinn, wenn erstmal (!) die Eltern die gemeinsame Geschichte aus einem anderen Blickwinkel erkennen. Sich in die Situation des Kindes zu versetzen, heißt noch lange nicht, diese Sicht zu bestätigen!

Doch das Kind muss auch mal meckern und die Eltern anklagen dürfen, das ist keine Majestätsbeleidigung.

Und Eltern müssen das nicht gleich persönlich nehmen oder gar an ihrer Erziehung zweifeln. Oft entspringt das Meckern des Kindes einer schlechten Laune, oder Schwierigkeiten mit anderen Menschen werden Zuhause abreagiert.

Unsichere Eltern werden sich schnell angegriffen führen, und jeder Angriff neigt zu einem Gegenangriff: Das Kind sei frech und undankbar, und überhaupt habe man alles richtig gemacht. Derartige Überzeugungen habe ich mehrmals in Selbsthilfegruppe gehört.

Entschuldigung – niemand macht alles richtig! Da klingt blanke Überheblichkeit durch. Und die Befürchtung, sich „Fehler" einzugestehen, nicht „gut" genug gewesen zu sein. Kratzt das zu sehr am elterlichen Selbstbewusstsein?

„Warum reden die Kinder nicht mehr mit uns?" Die Antwort auf diese immer wieder gestellte Frage lautet schlicht und einfach: Sie sehen keinen Sinn mehr darin, weil sich aus Sicht der Kinder der elterliche Standpunkt zu wenig bewegt. Auch feste Standpunkte müssen beweglich sein – sonst sind Gespräche unsinnig.

Nach ein paar Kontaktversuchen ohne Annäherungen kommen diese Kinder traurig oder wütend, enttäuscht und gereizt in ihr eigenes Zuhause, und dann passiert es, dass der Freund, die Freundin oder der Ehepartner das nicht länger auffangen und aushalten möchte und rät: „Dann verzichte doch auf den Kontakt zu deinen Alten, wenn es nichts bringt." Und manchmal traut man sich erst mit dieser Meinung im Rücken, die Trennung deutlich zu vollziehen. Das „böse" Schwiegerkind ist dann aber nicht Ursache der Entfremdung, sondern wirkt höchstens als Verstärker.

Alle Wut auf die schlimme Schwiegertochter bringt Sie überhaupt nicht weiter, weil der Druck von außen die junge Familie nur weiter zusammenschweißt. Doch es nimmt etwas Druck von der Seele, wenn man anderen Menschen auch Mitverantwortung an der traurigen Entwicklung in die Schuhe schieben kann.

Es hätte eine so schöne Wochen werden können
25 Jahre waren sie verheiratet, und das wollten sie gebührend feiern. Eine Woche auf einer Insel, in einem feinen Hotel, Schwimmbad, lange Spaziergänge am Strand – wundervoll.
Und natürlich wollten sie dieses Ereignis nicht alleine feiern. Ihr Sohn Thorsten mit seiner Freundin sollte dabei sein. Beide waren eingeladen für die Woche auf der Insel. Der Vater überbrachte die Nachricht freudestrahlend: „Wir lassen es uns alle mal so richtig gut gehen."
Doch Thorsten zog einen Flunsch. „Da muss ich mir ja eine Woche frei nehmen. Und Barbara auch. Ihr wisst doch, dass wir arbeiten müssen."
Der Vater lächelte immer noch: „Das ist doch jetzt etwas Besonderes. Ihr macht doch sonst auch mal Urlaub. Und jetzt habt ihr es sogar kostenlos und macht uns eine große Freude."
Das mit der Freude war allerdings ein Irrtum. Die jungen Leute verspürten keine Lust, eine Woche zusammen mit Thorstens Eltern zu verbringen. Es passte zeitlich nicht und überhaupt erschien es ihnen viel zu langweilig.
„Ich kann mir nicht so schnell Urlaub nehmen", log Thorsten. „Wir können einfach nicht mitkommen. Ein Wochenende, das würde vielleicht gehen. Aber mehr ist nicht."
Ein paar Tage später bekam Thorsten eine Postkarte seines Vaters: „Ohne euch macht es uns auch keinen Spaß. Wir haben die Feier gestrichen."

Thorsten war sauer, gleichzeitig hatte er auch ein schlechtes Gewissen. Hatte er jetzt seinen Eltern die Silberhochzeit vermasselt? Aber hätten sie das Ganze nicht mit ihnen rechtzeitig vorher absprechen können?

Vater war immer so energisch, ein Mann schneller Entschlüsse. Sicherlich meinte er es gut. Aber es war nicht gut. Es war einseitig. Es war wie ein Übergriff auf das Leben der jungen Leute.

Ähnlich war es vor zwei Jahren schon gewesen, als Thorsten Polizeibeamter werden wollte. „So etwas bespricht man mit seinen Eltern", hatte sein Vater gemeint. „Schließlich geht uns das auch etwas an, was du machst."

Von seinem Versetzungsgesuch in ein anderes Bundesland hatte er noch nichts erzählt.

Barbara ahnte etwas: „Du willst möglichst weit weg von deinen Alten!"

Thorsten nickte: „Am besten wäre es, wenn ich sie gar nicht mehr sehen müsste."

„Sag ihnen doch einfach, dass du mal eine Auszeit von ihnen brauchst, und sie dich in Ruhe lassen sollen."

Thorsten winkte ab: „Da sehe ich schon das leidende Gesicht meiner Mutter. Dann komme ich mir wie ein Schwerverbrecher vor. Warum muss das alles so kompliziert mit meinen Eltern sein?"

Barbara äußerte eine Vermutung: „Vielleicht, weil sie es so gut mit dir meinen. Sie trauen dir einfach zu wenig zu. Als Kripomensch wirst du wenigstens mal gefordert und kannst zeigen, was du drauf hast. Bei deinem Vater bleibst du ewig Kind. Da hast du keine Luft zum Größerwerden."

Der Vater von Thorsten sah es anders: „Ich verstehe die Kinder nicht. Da will man ihnen eine Freude machen, und die wollen nicht. Mensch, was hätte ich mich damals gefreut, wenn meine Eltern mir so etwas angeboten hätten."

Die Mutter sagte gar nichts, sie war enttäuscht, konnte alles nicht so recht verstehen, wollte aber auch keinen Streit oder eine böse Stimmung.

Irgendwie würde das Leben auch so weitergehen. Vielleicht lag alles auch nur an der Freundin und ihrem Einfluss, an dieser Barbara. Vorher war Torsten längst nicht so aufmüpfig und eigensinnig gewesen. Sie hatte ihn doch zu einem friedlichen und kooperativen Jungen erzogen.

Eigentlich ist diese Situation für alle enttäuschend. Aber so deutlich ausgesprochen wird das nicht.

Die Eltern möchten sich und den Kindern etwas Gutes tun. Allerdings betrachten sie das Gute nur aus ihrer Sicht, sehen vielleicht zu wenig die Bedürfnisse ihres Sohnes, für den eine ganze Woche eine verdammt lange Zeit ist.

Es gibt wenig Abgrenzung: Das sind wir – das seid ihr. Schade, wenn ihr nicht mitkommt, aber dennoch können wir feiern und die Insel genießen. Hier wirkt es mehr so, als bräuchten die Eltern die jungen Menschen zum Wohlfühlen.

Mit der Absage der Inselwoche wird Thorsten und Barbara eine Menge Verantwortung für das Wohlergehen der Eltern aufgeladen.

„Bin ich für das Glück meiner Eltern verantwortlich?" fragt Thorsten. Aber er bringt nicht den Mut auf, seinen Eltern klar zu sagen, dass ihr Angebot viel zu großherzig ist und die Eltern auch ohne den Sohn ausspannen könnten.

Mir fehlt in diesem Beispiel ein Kompromiss: Wollt ihr überhaupt nichts mit uns machen? Ist euch eine Woche zu lang? Gefällt euch der vorgesehene Ort nicht? Was könntet ihr euch vorstellen?

Es findet keine offene Auseinandersetzung statt: Weder meckern die Eltern, noch wehrt sich Thorsten. Man teilt seine Gefühle nicht mit! Aber sie werden indirekt ausgeteilt: Der Vater, vermutlich stocksauer, sagt alles ab, die Mutter fügt sich seufzend in das Schicksal, Thorsten muckt nicht auf. Kurzum: Ein scheinbarer Wohlfühlbrei.

In einem Gespräch schildert Thorsten seine Erfahrungen: „Spannungen liefen bei uns nach einem Muster ab: Ich habe mich beschwert, meine Eltern haben unisono gekontert: Stimmt doch gar nicht, das siehst du falsch. Damit haben sie mich mundtot gemacht. Bei solchen Gesprächen kam nichts raus, das war Zeitverschwendung."

Schemata steuern das Verhalten

Eine recht verständliche Erklärung bietet auch die Schema-Therapie nach Jeffrey Young. Sie geht, wie eigentlich alle psychologischen Theorien, davon aus, dass in der Kindheit und im weiteren Leben Schemata erlernt werden, die aus Erinnerungen, Gefühlen, Gedanken und Körperempfindungen bestehen, im Gehirn abgespeichert werden und das Verhalten steuern.

Was braucht jedes Kind?

- eine sichere Bindung zu anderen Menschen,
- Autonomie, also eine eigene Welt für sich,
- einen Freiraum, um seine Gefühle auszudrücken (das bedeutet nicht automatisch ein Ausleben der Gefühle!),
- Möglichkeiten zum Spielen und Ausprobieren,
- und, nicht zu vergessen, klare Grenzen.

Je nach der Erfüllung der kindlicher Grundbedürfnisse entwickeln sich spezielle individuelle Schemata.

Für unsere Betrachtungen ist wichtig: Die Schemata bestimmen die Art und Weise des Kontaktes mit anderen Menschen und verfestigen sich häufig im weiteren Leben noch stärker.

Ein Beispiel: Wurde dem Menschen zu viel abgenommen, so könnte sich dieser Mensch als Erwachsener stark vom Partner abhängig machen und sich sogar dominieren lassen.

Das erklärt den Ärger vieler Eltern auf die Schwiegertochter, die ihren Mann so gut im Griff hat. Er frisst ihr oft aus der Hand, denn Widerstand und eigenes Bestimmen kennt er zu wenig, und sein Verhaltensschema ist das des Duldens und der Anpassung. Unbewusst hat er sich darum eine eher starke und durchsetzungsfähige Partnerin ausgesucht.

Jetzt verstehen Sie vielleicht auch, warum er zu dieser Frau hält, ja, halten muss. Sie ist so etwas wie eine Lebensstütze für ihn – und ohne sie könnte er eventuell einknicken. Je mehr Sie gegen die Schwiegertochter wettern, desto mehr erlebt der Sohn das als Sägen an seiner Stütze – und die braucht er doch!

Ganz klar: Dieses Vorgehen bringt nicht nur nichts, sondern fördert die weitere Entfernung: Ihr Eltern wollt mir das madig machen, was ich doch so sehr brauche!

Erlebte das Kind zu wenige Grenzen und Auseinandersetzungen mit den Bezugspersonen, lebt es später nach dem Muster einer ausgeprägten Anspruchshaltung. Die Folge: Bekommt der Erwachsene nicht das, was er wünscht, gerät er rasch in Wut. Er lebt also nach dem Muster „Angriff", um sich durchzusetzen. Einschränkungen fördern nicht die Einsicht, dass alles im Leben nun mal begrenzt ist, sondern werden als Provokation erlebt und entsprechend heftig beantwortet.

Erlebte Zurückweisung in den früheren Jahren kann sich später als Anklammerungstendenz oder auch als Vermeidung von Nähe auswirken.

Das frühere Erleben prägt das spätere Verhalten in Konfliktsituationen: Kampf, Flucht (Weggehen) oder Erstarrung (sich fügen) sind typisch. Diese Verhaltensweisen passieren automatisch und werden nicht bewusst gesteuert!

Diese Bewältigungsstrategien befähigen, mit einigermaßen heiler Haut aus einem Konflikt heraus zu kommen. Sie werden häufig eingesetzt, und darum lernt das Gehirn sie als Folge dieser Wiederholung immer wieder neu. Sie verstärken sich automatisch durch „learning by doing", schränken aber das situationsangemessene und flexible Verhalten stark sein. Darum ist eine psychologische Therapie sinnvoll, um neue und erwachsene Lösungen zu finden. Da werden die Schemata identifiziert und neues Verhalten angedacht und initiiert. Ansonsten hilft da nur mutiges Verhalten, indem der Mensch sich in einer Art Eigentherapie traut, durch neue Erlebnisse auch neue Erfahrungen zu machen, also so etwas wie ein individuelles Trainingsprinzip. Doch es braucht schon etliche neue Erlebnisse, damit im Gehirn etwas Neues gelernt wird. Ob man das alleine durchhält?

Falls Sie Näheres dazu wissen möchten, klicken Sie im Internet an:

www. schematherapie.de oder www.ist-b.de oder googeln Sie.

Zu viel Verwöhnung?

Kann man ein Kind zu sehr verwöhnen? Ist nicht Liebe das Fundament von allem?

Tatsächlich ist Liebe ein gutes Fundament, doch nur Fundament ist zu wenig: Es gehört auch noch etwas Haus darauf. Und das muss den Herbststürmen trotzen und mit Regen und Schnee umgehen.

Ein starkes Fundament macht es für das Haus leichter.

Aber zwei Meter dicke Gründungsmauern und nur fünf Zentimeter starke Hauswände passen nicht zusammen. Das Haus wird einknicken!

Ihr Kind auch, wenn Sie es im Schlaraffenland leben lassen.

Ganz kleine Kinder müssen noch egozentrisch sein: Sie schreien, wenn es ihnen nicht gut geht, und erwarten Hilfe von den Betreuungspersonen. Das Kind erwartet Befriedigung seiner Bedürfnisse jetzt gleich, also sofort. Sonst startet der Wettkampf um die besten Nerven.

Allmählich fordern Eltern ihr Kind: Bedürfnisse werden nicht spontan erfüllt, das Kind muss aufs Töpfchen, es übt das zeitlich begrenzte Alleinsein, muss sich anziehen, pünktlich zur Schule gehen, alleine Dinge ausprobieren, blöde Lehrer und schwierige Hausaufgaben ertragen. Das Leben ist kein Zuckerschlecken!

Leider werden nicht alle Kinder gefordert, manche werden so oft verwöhnt und geschont. Für sie gibt es keine Grenzen, keinen altersangemessenen Frust, keine Aufgaben, deren Bewältigung das Selbstbewusstsein stärkt.

Berge von Spielsachen türmen sich im Kinderzimmer, bald wird der eigene Fernsehapparat eingeschaltet werden, das persönliche Handy ist grenzenlos zu nutzen. Mutti karrt den Nachwuchs zum Sport und zu Freunden, natürlich auch zur Penne, wenn der Kleine mal wieder zu arg getrödelt hat.

Zähneputzen? Was soll Mami unternehmen, wenn die Kleine es nicht will? Und wenn der ältere Bruder den Geschirrspüler nicht einräumt, braucht die jüngere Tochter es auch nicht zu tun – und Mutter macht es lieber selbst, bevor es wieder Geschrei gibt.

Eltern gehen den Weg des geringsten Widerstandes, Kinder den der Lustmaximierung: bloß keine Unlustgefühle! Die Kinder lernen, dass die Eltern (oder die Umgebung) für die guten Gefühle verantwortlich sind.

Und die Folgen?

Etwa zwischen dem fünften und achten Lebensjahr wird dem Kind bewusst, dass andere Menschen auch andere Ansichten vertreten. Das ist lästig, weil das Kind sich von den Wünschen anderer eingeengt fühlt. Beispielsweise soll es seine Schuhe alleine zubinden. Das ist vielleicht mühsam, und wenn Mami es nach einigen missglückten Versuchen hilft, ist man aus dem Schneider und lernt: Ich muss mich bloß blöd anstellen, dann wird mir geholfen.

So lernen Kinder, die Bezugsperson auszunutzen. Das hört sich hart an, und es ist auch hart. Im Kindergarten oder in der Schule verhalten sich die Kinder häufig ganz anders, denn sie haben gelernt, dass ihre Bequemlichkeit nicht überall gut ankommt.

Doch zu Hause fühlen sie sich als Prinz oder Prinzessin, die mit Schreien und Verweigerung alles erreichen können. Sie erwarten Zuneigung und lernen nicht, dass dieses Gefühl auf Wechselseitigkeit beruht. Sie wollen nicht lieben, sondern geliebt werden. Sie stellen Ansprüche.

Und wehe, wenn die Eltern diesen Ansprüchen nicht genügen! Dann gibt es kein Pardon, sondern nur die enttäuschte Abwendung.

Dazu ein Beispiel: Der Sohn benötigt nach abgebrochenen Ausbildungen wieder Geld und wendet sich an seine Eltern. Warum auch nicht? Wenn er es kriegen kann! Doch gar nicht so selten sind die Problemlösungen von heute für die Schwierigkeiten von morgen verantwortlich. Hier möchte der Vater großzügig sein und Geld rausrücken, allerdings nur gegen eine Kontrollmöglichkeit: Einsicht in das Studienbuch und damit den Lernfortschritt.

Das ist nachvollziehbar, denn wer möchte schon gern

das luschige Leben seines erwachsenen Kindes finanzieren?

Offensichtlich verfolgt dieser Vater das Ziel, der Sohn möge sich gefälligst auf den Hosenboden setzen. Richtig so, denn Eltern sind keine ewige Verwöhneinrichtung.

Doch es stellt sich die Frage nach der Methode: Kontrolle oder Herausforderung?

Der Vater könnte seinem Sohn etwas zutrauen und ihn an das harte Leben heranführen: „Du bekommst von uns einen gewissen Betrag, den Rest musst du dir erarbeiten."

Die im Schlaraffenland groß gewordenen Kinder leben nach einer einfachen Regel: Eltern sollen in erster Linie geben und in zweiter Linie nichts erwarten. Bedürfnisse der Eltern haben kaum eine Bedeutung.

Ich muss es leider noch einmal deutlich sagen: Liebe ist etwas anderes als Nachsicht.

Liebe ist auch Herausforderung, Förderung des Wachstums. Liebe – das sind die Steine, die wir Kindern in den Weg legen, damit sie lernen, die beiseite zu räumen. Erst das macht stolz und selbstbewusst.

Auch wenn es unmodern zu sein scheint: Eltern sollten die Erziehung zur Selbstständigkeit Ihres Kindes stärker in den Vordergrund rücken.

Erzogene Eltern

In welch starkem Maße Eltern durch die eigenen Eltern und die Lebensumstände bestimmt werden, illustriert folgender Brief einer verlassenen Mutter. Sicherlich hätte sie einiges anders machen können, doch das merkt man meistens erst hinterher. Aber ist das ein Verbrechen, für das man so hart bestraft werden muss?

Es stellte sich mir noch einmal die Frage nach den Gründen für mein heutiges Verhalten meinem Sohn und seiner Familie gegenüber.

Ich bin 1944 geboren, gehöre also noch zu der Generation, von der man forderte, sich selber zuerst einmal grundsätzlich zurückzustellen!

Diese Forderung war durch die Bibel und die Kirche bestätigt: „Du sollst deinen Nächsten lieben!" Der zweite wichtige Teil dieses Satzes „... wie dich selbst!" ist untergegangen, vor allem, wenn „man" eine Frau war. Die dazu passenden Schuldgefühle wurden gleich mitgeliefert.

Auch in meinen Berufen (8 Jahre Verkäuferin, 31 Jahre Krankenschwester) sind diese Grundsätze von mir erwartet und geleistet worden! Anschließend in meiner Familie natürlich auch. Passenderweise habe ich einen verwitweten, alkoholkranken Mann mit zwei Kindern (damals 6 und 9 Jahre alt) geheiratet. Und mich nach einigen Jahren scheiden lassen. Die Alkoholerkrankung habe ich zu spät bemerkt.

In mehrfacher Hinsicht habe ich gerade noch überlebt.

Und ich habe nur ganz spät realisiert, dass ich mich immer mehr zum angepassten und immer freundlichen und dienstbereiten „Wesen" machen ließ und selber gemacht habe. Viel zu spät habe ich gute Grenzen gesetzt!

Das erklärt eventuell und teilweise auch, dass mein Sohn und ich ein so harmonisches Verhältnis zueinander hatten.

Wir haben gute 20 Jahre lang wirklich und echt miteinander sprechen können: was willst du – was will ich – können wir uns einigen? Oder nicht? Und es ging uns gut damit. Auch wenn er anderer Meinung war, wir hielten das aus, ohne uns anzuschreien.

Es stimmt aber auch: Wir haben uns zu wenig gekracht und aneinander abgearbeitet. Ich habe dies nie wirklich gelernt und konnte es logischerweise auch nicht weitergeben. Zudem wurde ich, als mein Sohn 15 Jahre alt war, krankheitsbedingt nach einem Unfall berufs- und dann erwerbsunfähig. Passt, was!?

Mein Sohn hatte eine feste Freundin, mit der ich mich wunderbar verstehen konnte, von der er sich aber später getrennt hat.

Dann kam vor 10 Jahren (als er 21 Jahre alt war) meine heutige Schwiegertochter ins Bild. Ich bemühte mich ehrlichen Herzens, sie offen aufzunehmen. Umgekehrt war es anfangs auch so, wie ich heute noch meine.

Sehr gelegentlich kam es dann auch zu stimmigen Situationen, meine Hoffnungen auf ganz normale Kontakte sind gewachsen – wurden wieder zerschlagen – sind wieder gewachsen ... Bis heute weiß ich nicht, wo ich Hoffnung hatte und wünschte, und wo ich Illusionen aufgesessen bin.

Im Endeffekt komme ich zu einer unfasslich bitteren Erkenntnis:

Noch nie vorher bin ich so lange (8 -10 Jahre!) so intensiv und so gnadenlos abgewertet und abgewehrt worden wie von meinem Sohn und seiner Familie!

Am schlimmsten ist das totale Verweigern von Gespräch und Austausch: „Mit dir reden wir nicht!" „Warum nicht?" Die Antwort ist Schweigen, keine Begründung!

Ich habe also in den Augen der Kinder nur die Möglichkeit zu funktionieren, und zwar punktgenau so, wie es mir vorgegeben wird. Kein Einwand, kein Kompromiss, kein Vorschlag – und eine Forderung schon überhaupt gar nicht! Und nun wird auch noch der Kontakt zu den beiden Enkelkindern unterbunden.

Ich habe kürzlich wirklich ernsthaft vorgeschlagen, einen Mediator für ein paritätisch ablaufendes Ge-

spräch zuzuziehen, weil ich allein gar nicht mehr den Mut und die Kraft aufbringe, mit den beiden zusammenzutreffen.

Das abschmetternde Ergebnis hat mich letztendlich auch nicht mehr überrascht.

*Ich kann mir jedenfalls selber sagen, dass ich **alles** versucht habe, was mir eingefallen ist.*

*Wenn ich nur an ein Zusammentreffen mit den beiden **denke**, dann spüre ich schon einen dicken Knoten im Magen, Brechreiz, einen Kloß im Hals, starkes Herzklopfen und eine ganz flache Atmung. Es geht mir einfach schlecht – gesundheitlich und psychisch.*

Ich bin zurzeit sicher außerstande, auf die beiden zuzugehen! Und ich werde mich auch selber (neu?!) Ernst nehmen und mich vor einer weiteren bitteren Neuauflage der Zurückweisung und der Demütigung schützen müssen.

Noch eine Überlegung: Wenn ich beim eventuellen Zusammentreffen wieder „lieb" sein muss, ohne mich auch abgrenzen zu dürfen – setze ich dann nicht fort, was ihn (in einigen Bereichen) unselbstständig bleiben ließ?

Nur nix fordern? Nur nicht äußern, was ich möchte? Das hatten wir schon…

Was ich dringend möchte, ist ein einigermaßen gleichwertiges Ernstnehmen der Situation der Kinder und der Eltern. Beides!!!!!!!

Ich bin ehrlich bereit, hinzuhören und mich zu ändern. Ich bin bereit, mich einzulassen. Aber auch die Kinder müssen Zeichen setzen, sobald sie dazu in der Lage sind. Auch wenn dies anfangs vermutlich von beiden Seiten noch sehr holperig sein wird.

Ich erlebe mit großem Schmerz, dass beide Seiten beteiligt sind. Mein Sohn und seine Frau scheinen das nicht

so zu sehen. Sie wollen mich nur ausgrenzen.
Was kann ich noch tun? Das weiß ich im Moment nicht.
Jedenfalls geht es nicht mehr so, wie ich es knapp 10
Jahre lang zunehmend verzweifelt praktiziert habe.

Ein wichtiger Satz, der aber die Geduld herausfordert:
Aber auch die Kinder müssen Zeichen setzen, sobald sie
dazu in der Lage sind.
Anders ausgedrückt: Sobald sie sich so kräftig fühlen,
dass sie nicht vorschnell und überempfindlich hinter
Äußerungen der Älteren gleich einen Angriff oder eine
Zurechtweisung vermuten.
Es passiert nur zu leicht, dass Menschen bei Differenzen
den anderen in eine Schublade packen, und da bleibt er
dann auch, häufig für immer und ewig. Wenn wir nämlich ein bestimmtes Bild vom Gegenüber haben, dann
nehmen wir bevorzugt nur noch das war, was zu unserem Bild passt, und das anfängliche Bild verstärkt sich
dadurch immer mehr. Es muss schon einiges passieren,
damit wir an unseren Überzeugungen (Vorurteilen)
rütteln.
Obwohl diese Mutter sich abgewertet und abgewiesen
fühlte, gab es schließlich doch eine Wende. Vielleicht
hat die Zeit Wunden geheilt oder das frühere Erleben
verändert, vielleicht hatte die Mutter früher mal etwas
falsch interpretiert und sich ein einseitiges Bild gemacht
– glücklicherweise konnte sie sich auf ein überraschen-
des Kontaktangebot freudig und vorurteilsfrei einlassen.
Von beiden Seiten wurde ein neuer Anfang gewagt, ein
Pflänzchen, was sorgsam weiter gepflegt werden sollte.
In der vergangenen Woche hat mich meine Schwieger-
tochter (!) angemailt und von sich aus vorgeschlagen,
dass wir uns alle zum Eisessen in einer bekannten Eis-
diele treffen könnten ...Ein Bild der zwei Enkelkinder
lag bei !!!!

Der Einladungs-Ton ihrer Mail war freundlich und offen: „Wir wollen Eis essen, magst du dazu kommen?" Ich konnte mich dann gut auf diesen Vorschlag einlassen. Zum ersten Mal seit langer Zeit hatte ich den Eindruck, dass mein Sohn und ich uns kurzfristig wieder wahrnehmen konnten - ganz ohne ausgewählte Worte.

Nach dem Treffen bekam ich den folgenden Brief:

Ich war in den letzten Tagen doch sehr angespannt auf der Suche nach dem „richtigen" Verhalten, der richtigen Hoffnung.

Dann habe ich mich also vor drei Tagen – auf Anregung meiner Schwiegertochter (!) – mit meiner Familie in der Eisdiele getroffen. Hinterher waren wir noch auf dem Spielplatz.

Nach anfänglicher Unsicherheit konnten wir doch locker und recht problemlos miteinander umgehen. Und ich hatte mein „neues" Enkelkind zum ersten Mal auf dem Arm ...

Gott sei's getrommelt und gepfiffen!

Wir gingen dann ohne weitere Verabredung – meinerseits mit gutem Gefühl und aufwachender Hoffnung, aber ohne Euphorie – nach knapp zwei Stunden wieder auseinander. Anschließend ging ich tief erschöpft sofort ins Bett! Es war gerade mal kurz nach sechs Uhr. Das spricht wohl für meine Anspannung und Angst.

Ich fühlte mich wie nach einer Tour ins Hochgebirge!

Und ich spüre die Hand Gottes!

Wie wird es weitergehen? Und überhaupt???

Die Angst sitzt halt noch tief.

Die Identität des Kindes

Vielleicht ist es für Eltern schwer zu verstehen, doch der Weggang des Kindes zeigt auch eine Stärke: Dieses

Kind sorgt in gewisser Weise für sich.

Es hat aus *seiner* Sicht (!) die Erfahrung gemacht, dass sein (stiller) Protest und seine anderen Ansichten nicht im gewünschten Maße beachtet wurden.

Lohnen sich dann weitere Gespräche überhaupt noch?

Hat man dann überhaupt noch eine Chance?

Kinder, die gegangen sind, haben diese Chance nicht mehr gesehen! Das ist hart für die Eltern, aber auch hart für die Kinder, denn ohne Chancen zu sein, löst Verzweiflung aus.

Verstehen Sie jetzt, warum Eltern, die immer wieder ihr eigenes Erleben in den Mittelpunkt rücken und dem Kind sagen möchten „schau nur, was du mir angetan hast, wie du mir wehgetan hast", warum solche Eltern sofort wieder Ablehnung erfahren? Das Kind erlebt nämlich, wieder nicht wahrgenommen zu werden, weil die Eltern sich selbst und ihren Kummer zu stark in den Mittelpunkt rücken.

Das Kind erwartet nämlich etwas ganz anderes.

Das Kind ist auch gegangen, um mit diesem Verhalten die Eltern zu schockieren und wach zu rütteln. Der Kontaktabbruch ist eine stumme Anklage. Dieser Schritt fällt auch den Kindern nicht leicht, aber sie sehen keine andere Möglichkeit mehr, um den Eltern etwas mitzuteilen:

Respektiert mich und mein Verhalten, dann können wir es eventuell noch einmal versuchen.

Wenn Eltern in der Erziehung ihrem Kind immer wieder vermittelt haben, der Sohn oder die Tochter sei ein Prinz oder eine Prinzessin und müsse vor den unangenehmen Belastungen des Alltags bewahrt bleiben, dann dürfen sie sich nicht wundern, wenn das Kind eine entsprechende Identität annimmt und in dem Moment, in dem Forderungen und Erwartungen aufgestellt werden, diese als Zumutung erlebt. Einem Prinzen kann man nicht damit kommen, er müsse ein Studienbuch führen. Ein Prinz könnte das höchstens zu seinen Eltern sagen! Wenn eine Mutter ihrem Sohn für den Größten hält und ihm immer wieder mitteilt, wie wichtig er doch für sie ist, dann kann es doch wohl nicht sein, dass sie seine Partnerwahl kritisiert. Vom Angehimmelten zum Kritisierten ist es nicht nur ein Schritt, sondern ein tiefer Fall. Ob man diesen Fall überlebt? Und was soll man denn nun von sich glauben? Wie kann man ein toller Kerl sein, wenn man nicht mal die richtige Partnerin aussucht?

Bevor noch mehr Zweifel an der eigenen Großartigkeit aufkommen, geht man lieber.

Wenn die Tochter sich für besonders tierlieb hält, und die Eltern ihr dennoch zumuten, den geliebten Hund zu verkaufen, dann ist das für die Tochter eine massive Bedrohung: Wenn ich meinen Hund liebe, dann darf ich ihn nicht in andere Hände geben. Der Hund wird sonst traurig sein und sich einsam und verlassen fühlen. Ich füge ihm Schmerzen zu, und das tut man nicht, wenn man jemanden lieb hat. Wenn ich aber die Notwendigkeit des Verkaufs einsehe, dann bin ich eben nicht tierlieb. Wie würde ich mich wohl fühlen, wenn meine Eltern mich einfach verkaufen würden? Und Eltern, die meinen liebsten Spielkameraden veräußern möchten – werden die mich eines Tages auch verkaufen wollen? Kann ich mich da noch auf diese Eltern verlassen?

Nähe und Distanz
Eine recht typische Entwicklung: Das Leben zwischen der Mutter und ihrem Sohn verläuft recht harmonisch, bis er eine Freundin findet und sich erst dann (abrupt) abwendet.
Es trifft bevorzugt Kinder nach Trennungen und mit

enger Bindung zu einem Elternteil.

Auch für die Kinder ist eine Trennung der geliebten Eltern belastend. Nicht nur, dass das Kind Vater oder Mutter verliert, was durch einen freundschaftlichen Kontakt der Eltern gemildert werden kann, sondern das Kind verliert seinen Glauben an die Kraft der Liebe, und es interpretiert die Situation aus seiner kindlichen Sicht und sagt sich: Wenn es große Spannungen gibt, dann nutzt das Reden darüber herzlich wenig. Es gibt ja doch nur Schreierei oder weinende Betroffenheit – und später trennt man sich sowieso. Dicke Konflikte kriegt man nicht in den Griff, also kann man gleich gehen. Auseinandergehen ist die einzige Lösung!

Nun ereignet sich die Phase zwei bei einer Trennung: Ein Elternteil gibt (meistens) dem anderen die Schuld an der miserablen Entwicklung der Beziehung. Womöglich hört der Nachwuchs Sätze wie „dein Vater, dieses Schwein", „alles hat er zerstört", „Kerlen kann man niemals vertrauen", „wir haben kaum noch Geld, das liegt an deinem Vater" oder „deine Mutter, diese Schlampe, diese Egoistin", „deine Mutter ist hysterisch" und was es da noch an Anschuldigungen und emotionalen Explosionen geben mag. Aus der Situation heraus verständlich – nur ist das Kind in einer anderen Situation als die Lebenspartner. Es liebt Papa und Mama, und das ganz dolle! Und plötzlich soll der geliebte Vater ein Schwein sein, die liebe Mama eine egoistische Schlampe? Plötzlich soll man Kerlen nicht mehr trauen? Wie soll man das kapieren?

Frühere Erfahrungen werden erschüttert, das Kind verunsichert: Habe ich mich so geirrt, wenn ich Vater oder Mutter toll fand und sie angebetet habe? Und jetzt soll er oder sie so schrecklich sein? Kann ich dann meinen Eindrücken und Gefühlen überhaupt noch trauen?

Phase drei im Trennungsgeschehen: Das Kind bleibt meistens bei der Mutter, und in vielen Fällen bekommt es mit, wie sehr die Mutter leidet. Besonders Jungen versuchen nun zum Ersatzmann aufzusteigen. Sie trösten die Mama, hören ihr zu, gehen mit ihr Einkaufen und wollen ihr um Himmels willen keinen Ärger machen und lieber zusätzliches Herzeleid ersparen. Das macht sich speziell während der Pubertät bemerkbar, also in der Phase der beginnenden Ablösung.

Nun ist es aber schwierig, sich von einem Menschen innerlich zu entfernen, wenn man ihn sehr mag. Wie kann man sich separieren, seine Geheimnisse haben, Gleichgesinnte suchen oder gar Zoff vom Zaune brechen, wenn es Mutter nicht gut geht und man der Vertraute ist?

All das könnte die angeschlagene Mutter belasten, sie traurig stimmen. Und das soll doch nicht sein, wo sie schon so viel durchgemacht hat.

Unbewusst (!) beschließt das Kind, es nicht zu bunt zu treiben, und die Phase der Abnabelung verläuft besonders friedlich bis harmonisch.

„Wir waren die besten Freunde", erzählen viele Mütter aus dieser Zeit, und Stolz schwingt in ihrer Stimme mit, weil sie diese bekanntermaßen schwierige Zeit so gut „überlebt" haben. Oft kam noch die Bewunderung anderer Familien dazu: „Wie schaffst du es bloß, dass es bei euch nicht drunter und drüber geht? Matthias ist vergangene Nacht erst wieder um drei nach Hause gekommen, total besoffen. Verrate mir dein Patentrezept!"

Es gibt kein Rezept, es gibt nur ein eingeschliffenes Rollenmuster: Ich will für dich da sein, Mutter, und gut für dich sorgen.

Das klappt ganz gut.

Aber nicht für immer.

Denn die Natur lässt sich zwar einschüchtern, aber nicht überlisten.

Sie schlägt zu, und zwar später, und oft erst dann, wenn der Sohn Mitte zwanzig oder noch älter ist, oder wenn eine Freundin ihm den Rücken stärkt und er nun, quasi mit Verstärkung, das bisher Unterdrückte nachholt.

Immer, wenn sich etwas verspätet entfaltet, entwickelt es ziemliche Dynamik, es knallt an die Oberfläche.

Plötzlich entdeckt der erwachsene Sohn, dass er recht vitale Lebens- und Liebeswünsche hat. Und die sind nur zu realisieren, wenn man sein eigenes Leben für sich und unabhängig von den Eltern führt. Selbst wenn es im Elternhaus große Freiheiten gibt, so fühlt sich ein eigenständiges Leben ganz anders an. Es ist das Gefühl aus der Zigarettenwerbung, nämlich der Duft von Freiheit und Abenteuer.

Je enger die Bande zwischen Kind und Mutter sind, um so weniger können sie elegant aufgeknüpft werden, sondern desto kräftiger müssen sie gesprengt werden – sonst schafft man den „Befreiungsschlag" möglicherweise doch nicht.

Ich schildere diese Entwicklung ausführlich, weil Mütter angesichts dieses Entwicklungsschrittes zur überraschten Fassungslosigkeit neigen, obwohl sie einige Hintergründe ahnen, dennoch im (naiven) Glauben verhaftet sind, ihr netter Junge würde sich nicht so schlimm und so demonstrativ verhalten.

Doch es gilt die Faustregel: je netter früher – desto heftiger die (verspätete) Ablösung.

Manche Eltern glauben, mit der Empfehlung „such dir doch auch eine Freundin" den Startschuss für eine freie und großzügige Entwicklung zu geben. Sie übersehen dabei, dass die Verhaltensweisen ihres Kindes tief (und unbewusst) eingeschliffen sind. Das Kind erlebt anfangs keinen oder nur wenig Leidensdruck und ist auf seine

Bezugsperson fokussiert. Erst nach der Pubertät brechen die vitalen Interessen durch, oft durch einen Impuls von außen (Freundin, Freunde, Sportverein usw.) angestoßen.

Natürlich schmerzt es, wenn sich das Kind verselbstständigt, unbekannte eigene Wege geht und Partner wählt, mit denen man unter Umständen nicht einverstanden ist. Doch die menschliche Entwicklung geht nun mal eigene Wege und nimmt keinesfalls auch nur die Bohne Rücksicht auf elterliche Vorstellungen!

Der arabische Dichter Kahlil Gibran drückt es so aus:
Deine Kinder sind nicht deine Kinder,
sie sind Söhne und Töchter
der Sehnsucht des Lebens nach sich selbst.

Ich möchte es ganz deutlich sagen: Sie investieren nicht in Liebe zu Ihrem Kind, um später Nutznießer einer Liebesdividende zu werden, sondern um Ihrem Kind all das mitzugeben, was es braucht, um ein verständnisvoller Ehepartner und liebesfähiger Elternteil sein zu können. Die Kinder wuchern mit ihren Pfunden erst in der nächsten Generation und geben Erfahrenes an ihre Nachkommen weiter. Es ist für Mutter (und natürlich auch den Vater), aber auch für den Sohn schwer, plötzlich loszulassen, denn meistens wurde das vorher nicht in kleinen Schritten und harmlosen Situationen eingeübt. Wenn da plötzlich die große Liebe mit der erotischen Verführung auftaucht, richtet der junge Mann alle Liebesgefühle auf diese Partnerin – und dazu muss er einen großen Teil seiner Gefühle von der Mutter abziehen. Er fokussiert sich auf das Neue und „vergisst" für einige Zeit die Mutter. Er hat etwas „Besseres" gefunden! Wenn Mutter das aushält und geduldig abwartet, kann alles gut gehen. Gerade solche Kinder, die eng mit ihren Bezugspersonen verbunden waren, tun sich mit der Abnabelung besonders schwer. Sie fühlen sich wie in einem Spinnennetz und meinen, sie müssten alle Fäden kräftig durchreißen, um sich frei bewegen zu können, und sie befürchten, schnell wieder in den Sog der elterlichen Familie zu geraten und dabei ihre Eroberung zu verlieren.

Jede Beziehung lebt von Nähe und Distanz, selbst Ehen laufen nach diesem Muster ab. Doch wie schwierig mag es wohl sein, diesen Abstandswunsch zu spüren und einzufordern, wenn man das nicht allmählich und in einigen Situationen ausprobieren konnte? Es tut auch dem Jungen weh, wenn die Mutter über seine Abstandssuche traurig oder bekümmert ist. Dann lässt er das lieber, denn er möchte seiner Mutter nicht wehtun. Und er lernt es nicht, einen „guten" Abstand für sich zu finden. Leider folgt dann später bevorzugt das Beziehungsmuster „alles – oder nichts", also ganz viel Nähe oder (fast) totaler Abstand.

Meine traurige Erfahrung: Auch der jungen Familie wird der notwendige Abstand nicht immer so recht gewährt. Gerade wenn Enkelkinder kommen, möchten die Großeltern (verständlicherweise) intensiv am Familienleben teilnehmen, und die jungen Leute trauen sich nicht, ihre Vorstellungen deutlich zu machen: „Kontakte ja, aber nur alle vier Wochen." Sie suchen ihr Heil in der Flucht: Überhaupt keine Kontakte, denn erst dann glauben sie ausreichend Abstand gewonnen zu haben: Nun können sich die Älteren nicht mehr einmischen.

Dazu eine typische Aussage: „Meine Schwiegermutter tauchte zwei- bis dreimal pro Woche bei uns auf, wollte nur mal eben eine Kleinigkeit für die Kleinen abgeben, äußerte ihre Meinung zu irgendwas, und für mich war das wie eine Kontrolle. Und dann ihre verschrobenen

Ansichten zur Kindererziehung! Schlimm! Aber wenn mein Mann, also ihr Sohn, das mal monierte, zog sie einen Schmollmund und wirkte beleidigt wie ein Kind. Sie ist wohl nicht in der Lage, Kritik anzunehmen."

Unterschiedliche Blickwinkel
Aus der Sicht einer betroffenen Mutter sieht die Welt ganz anders aus. Hier ein Beispiel:
Ich bin Mutter einer erwachsenen Tochter (34 Jahre), mit der ich schon länger Probleme habe.
Wir waren 16 Jahre selbstständig mit einem Geschäft. Natürlich steht ein Geschäft im Mittelpunkt, das Essen kam nicht immer pünktlich auf den Tisch, und die Familie blieb oft auf der Strecke.
Meine Tochter hat mir oft vorgeworfen, dass ich wenig Zeit für sie hatte, in ihren Augen war ich nur materiell eingestellt. Wir hätten nur so viel gearbeitet, um uns so viel leisten zu können. Auch die Probleme in ihrer Ehe seien durch mangelndes Interesse ihrer Eltern verschuldet. Sie habe nie eine gute Beziehung zu ihrem hart arbeitenden Vater aufbauen können.
Sie ist in einer psychotherapeutischen Behandlung, und seither lehnt sie jeden Kontakt zu uns ab. In einem Brief hat sie mir mitgeteilt, nie eine Mutter gehabt zu haben. Auch unsere Enkelkinder dürfen wir nicht mehr sehen.
Ich bin total fertig. Sicherlich haben wir Fehler gemacht, aber wäre es nicht fairer gewesen, das alles zu besprechen? Man wird krank von alledem.
Dazu einige Gedanken:
Während einer therapeutischen Behandlung kann es passieren, dass mit großer Wucht bisher aufgestaute Ärger- und Enttäuschungsgefühle heftig losbrechen. Vielleicht benötigt die Tochter Abstand, um die eigenen Gefühle erst mal sortieren zu können.

Außenstehende können da wenig tun, eigentlich nur dieses: Der Tochter mitteilen, dass man sie manchmal „übersehen" hat und das bereut. Keine Rechtfertigungen! Also nur: „Ich habe etwas falsch gemacht, ich habe es nicht gemerkt. Es tut mir leid, verzeih mir!"

Es wäre naiv, auf eine rasche Reaktion zu hoffen. Es kann dauern! Es ist wie eine späte „Rache": Die Eltern sollen auch einmal spüren, wie es ist, nicht beachtet zu werden. Diese „Strafe" muss durchgestanden werden! Das klingt grausam und ist es auch, dennoch gibt es keine Möglichkeit, die eigenen Wünsche gegen die der anderen durchzusetzen.

Je mehr die Eltern ihr Verhalten rechtfertigen, desto stärker wächst beim Kind die Enttäuschung: Mutter redet ihr Verhalten schön und versteht mich immer noch nicht. Dann ist ein Kontakt aus der Sicht des Kindes absolut sinnlos.

Es könnte noch etwas Anderes eine Rolle spielen.

Manchmal schieben Kinder die Verantwortung für das eigene Leben vorwurfsvoll den Eltern zu, um nicht selbst ihre eigenen Probleme anpacken zu müssen: Weil ich dies und das nicht erfahren oder gelernt habe, bringe ich es heute nicht. In solch einem Fall brauchen sie möglicherweise einen ewigen „Bösewicht", um sich selbst zu entlasten und nicht an ihrer eigenen Entwicklung zu arbeiten.

Leider gibt es auch (sogenannte) Therapeuten, die einfach nur empfehlen: Verlasse, was dir das Leben schwer macht.

Scheinbar klappt das auch ganz gut, aber nur scheinbar. Wenn man sich trennt, entgeht man den Auseinandersetzungen. Doch gerade das Ringen und Kämpfen um den eigenen Weg, also die Chance des Reifens, wird so nicht gelernt. Eine gute Therapie versucht stets, sich mit den Belastungen auseinanderzusetzen, um dadurch zu wachsen und selbstbewusster zu werden.

Natürlich möchten auch „große Kinder", selbst mit 39 Jahren, beachtet werden. Im folgenden Brief spielt auch der Wunsch nach enger Bindung und heiler Familie, eine große Rolle.

Meinen Eltern werden im Sommer in das Haus meines Bruders umziehen und haben mich nur kurz darüber informiert. Sie haben mich von Anfang an bei dieser Aktion außen vorgelassen - sie planen den Umzug schon seit Monaten.

Ich habe meine Eltern angesprochen. Sie meinten, das sei ihre Entscheidung. Mit meinem Bruder hatte ich ein sehr heftiges Telefonat. Meine Eltern haben sich seitdem nicht mehr gemeldet.

Was soll ich jetzt machen?

Zu meiner Mutter habe ich nie eine gute Beziehung gehabt. Mit meinem Bruder gab es Differenzen, wir haben uns dennoch immer wieder vertragen. Aber jetzt ist der Kontakt auch zu ihm abgebrochen.

Wie kann ich mich verhalten?

Ach, wie schön, wenn es den besten Weg gäbe!

Es wäre hilfreich und würde zur Entscheidungsfindung beitragen, wenn die Briefschreiberin ihre Gefühle spüren könnte: Ist da mehr Trauer oder Wut, Hilflosigkeit oder Enttäuschung? Dann könnte sie genauer einkreisen, was sie als tatsächlich als Enttäuschung erlebt und wie sie sich fühlt.

Sicherlich ist es Sache der Eltern zu entscheiden, wo sie wohnen wollen. Doch das Prozedere erscheint mir wenig geschickt.

Der Umzug stellt so etwas wie die Spitze eines Eisberges da. Enttäuschungen, die aber nicht mitgeteilt wurden, grummelten im Bauch herum, und nun ist das volle „Enttäuschungsfass" übergelaufen.

Möchte die Tochter gefragt werden? Dann sollte sie diesen Wunsch klar sagen: „Ich hätte es schön gefunden, wenn ihr das auch mit mir besprochen hättet."

Geht es mehr um eine Eifersucht? Wird der Bruder wieder einmal vorgezogen? Hat die Mutter die bessere Beziehung zu ihm? So etwas gibt es, auch wenn Eltern das ganz energisch bestreiten. Aber es kann tatsächlich eine engere Beziehung zu einem ganz bestimmten Kind geben.

Könnte es hilfreich sein, den Wunsch nach mehr Beachtung und Zuneigung den Eltern mitzuteilen? Und das nicht als Vorwurf, sondern wirklich als Wunsch.

Schließlich setzt jede Enttäuschung eine Erwartung voraus.

Und auch die Eltern oder der Bruder könnten enttäuscht, verletzt oder verärgert sein. Dann könnte ein großer Vorstoß wichtig sein: „Es tut mir weh, wie wir zurzeit miteinander umgehen. Ich möchte gern eine Klimaverbesserung. Möglicherweise habe ich euch verletzt oder enttäuscht. Sagt es mir bitte." Und das Gehörte dann auf sich wirken lassen und bedenken und nicht gleich mit eigenen Enttäuschungen aufrechnen! Also bloß keinen Schlagabtausch.

Beziehungen leben nicht von einem emotionalen Taschenrechner, sondern vom Austausch und der Würdigung unterschiedlicher Ansichten. Gespräche müssen nicht zu einer einzigen Ansicht führen, sondern sie dienen der Offenheit und der Annahme unterschiedlicher Positionen. Man steht nicht unter dem Zwang, eine Einigung herbeiführen zu müssen. Manches darf auch nebeneinander bestehen, also eine „Zweinigung" (nach Vera Birkenbihl) sein: Du siehst es so – ich sehe es anders. Und wo ist dabei das Problem? Wir können uns dennoch sympathisch finden!

Erwachsen fühlen

Ich habe ein Problem, das mich schon lange belastet. Meine Mutter denkt, sie müsste mir immer alles erklären und mir sagen, was „richtig" und was „falsch" ist. Ich teile meiner Mutter auch mit, dass sie mir das nicht mehr erklären muss, doch sie kommt aus ihrem festgefahrenen Denken nicht hinaus.

Wie kann ich mich als erwachsene Frau endlich gegenüber meiner Mutter erwachsen fühlen?

Abgrenzungen fallen mir schwer, da meine Mutter sehr krank ist. Ich möchte aber nicht immer das Gefühl haben, meine Mutter braucht mich, denn ich gebe dadurch immer mehr von meinem eigenen Leben auf.

Wie kann ich mich von meiner Mutter loseisen?

Bei erkrankten Eltern fällt es besonders schwer, sich abzunabeln. Skrupel klopfen sofort heftig beim Gewissen an. Gleichzeitig fühlt man sich verpflichtet und möchte für die Mutter da sein.

Diese Frau wird für sich entscheiden müssen, welchen Stellenwert Mutter einerseits und persönliches Dasein andererseits bekommen sollen. Opfert man zu viel Eigenes, können nämlich heftige Ärgergefühle bei einem selbst entstehen, und die erschweren es dann, der Mutter liebevoll zu begegnen, wofür man sich wieder schämt. Ein frustrierender Kreislauf!

Mir fällt auf, wie vorsichtig der verständliche Wunsch nach Unabhängigkeit ausgedrückt wird. Ist das nur ein „Wünschlein"? Woran ist festzumachen, dass dieser Wunsch stark und fordernd ist?

Erwachsen fühlt man sich, wenn man sein Leben nicht nur an den Eltern ausrichtet, sondern auch gesunden

Egoismus wagt, dabei die Eltern auch mal enttäuscht und daraufhin auch miteinander streitet, weil man eben nicht als Kopie der Eltern lebt, sondern als eigenständiger Mensch. Vielleicht ist das für Eltern am schwersten zu verdauen: Kindern sind anders als ihre Eltern! Das sagt sich leicht – aber das muss auch ausgehalten werden.

Manchmal entwickeln sich Menschen nicht so recht weiter, weil es sich bequemer im Schutzraum der Bindung lebt und man sich nicht der rauen Welt draußen mit Enttäuschungen und Kämpfen zuzuwenden braucht. Man verharrt lieber im familiären Schutzraum, einer Art symbolischen Mutterbauch, auch wenn es dort verdammt eng wird. Aber es ist immer noch sicherer als das unruhige Leben draußen.

Es ist nicht unehrenhaft, sich für den Prozess der Abnabelung Unterstützung in einer psychologischen Beratung zu suchen. Die individuell notwendigen Schritte können dort in Ruhe und unter Abwägung unterschiedlicher Möglichkeiten besprochen und geplant werden. Dafür ist nicht eine langwierige Psychotherapie nötig, sondern es empfiehlt sich beispielsweise ein Kontakt mit einigen Besuchen bei einer Ehe-, Lebens und Krisenberatungsstelle. Solche Einrichtungen mit psychologisch ausgebildetem Personal werden von den beiden großen Kirchen in vielen Städten angeboten, die Gebühren dafür sind moderat (im Schnitt 10 bis 20 Euro) und orientieren sich meistens am individuellen Einkommen. Hilfe sucht man nicht, weil man so schwach ist, sondern weil man den Mut zur Veränderung fördern möchte!

Eine Kunst

Erziehen ist eine Kunst. Aber Kunst wird auch von den besten Künstlern nicht am Fließband erschaffen. Nicht ganz so begnadete und geförderte Künstler müssen zeitweise sogar Massenware abliefern, um über die Runden zu kommen.

Kinder erwarten natürlich die tagtäglichen Superkünstler, die exakt zwischen elterlicher Autorität und Strenge und persönlicher Förderung für ihren Nachwuchs klar unterscheiden können. Doch sie werden die Enttäuschung aushalten müssen, dass diese Erwartung wohl nur selten wirklich erfüllt wird.

Und diesen Frust können Kinder nur aushalten, wenn sie gelernt haben, überhaupt mit Enttäuschungen und Fehlschlägen umzugehen, und wenn sie am Vorbild ihrer Eltern lernen konnten, wie man mit Widrigkeiten und Missgeschicken umgehen kann.

Wenn Sie sich als Elternteil während der Fußballübertragung über den Defekt an Ihrem Fernseher schreiend aufregen und auf den Apparat kloppen, dann sind Sie nicht gerade ein tolles Vorbild für Problemlösung. Sie könnten auch zum Radio greifen, vielleicht beim Nachbarn anklopfen und schauen, oder seufzend feststellen: „Schade, aber das Leben ist dadurch ja nicht zu Ende." Und dann greifen Sie zur Zeitung, gehen mit dem Hund raus, joggen gegen den Frust oder hören Musik. Sie dürfen enttäuscht sein, aber die ganze Welt muss es nicht wissen! Vielleicht gibt es ein Weiterleben nach dem Tode, mit Sicherheit aber eines nach Pleiten, Pech und Pannen. Das sollte Ihr Kind bei Ihnen studieren können! Geben Sie ihm diese Chance!

Verloren – gegangen
Wie eine Mutter die Trennung erlebte

Ich glaube, folgende Überlegungen und Einsichten einer betroffenen Mutter sprechen für viele Eltern, und darum möchte und darf ich Ihnen diesen Brief vorstellen:

Es lässt mich nicht los, es lässt uns nicht los – Kontaktabbruch durch die erwachsenen Kinder.

Wie ist es überhaupt soweit gekommen? War es zu sehen? Was habe ich, haben wir, falsch gemacht? Sind wir schuld? Was bewegt unsere Kinder heute? Wie kann ich damit umgehen? Was bedeutet loslassen? Gibt es überhaupt noch eine Chance? Wie kann ich ohne meinen Sohn weiterleben? Er ist ja noch da, will allerdings nichts mehr mit mir zu tun haben. Das ist das Schlimmste für mich. Habe ich als Mutter also total versagt? Wer bin ich? Ich wollte doch nur eine gute Mutter sein!!!!

Lange schon habe ich so viele Gedanken in meinem Kopf, die nicht leicht zu sortieren sind. Ich will es dennoch versuchen. Aber wo anfangen?

Der Anfang meines Lebens ohne meinen Sohn Christof, und damit das Ende meines bis dahin geführten Lebens, begann vor ziemlich genau 9 Jahren. Der Kontaktabbruch kam so abrupt für mich, so unerwartet wie sonst nichts in meinem Leben.

Ich habe so viel falsch gedacht, soviel auch falsch gemacht. Ich wusste und ich konnte es jedoch nicht besser. Heute weiß ich, dass ich weniger Schuldgefühle habe als damals. Obwohl ich mit Absicht „weniger" schreibe. Schuldgefühle bleiben. Aber diese helfen nicht weiter. Ich bin darüber hinausgewachsen (nicht immer) und habe versucht, damit zu arbeiten und etwas daraus zu machen. Denn verharren wir in diesen Gefühlen, kann es keine Entwicklung geben.

Ich habe viel gelesen, an mir gearbeitet, und dennoch bleibt die Frage: Wie schaffe ich es, all die alltäglichen Sachen durchzustehen? Was könnte helfen, mit meinem Sohn wieder ins Gespräch zu kommen?

Wie soll ich ihm zuhören und mich auf ihn einlassen? Wie ihm erklären, dass ich heute so vieles verstehe, so vieles anders sehe? Wie das alles, wenn er jeglichen Kontakt ablehnt?

Diese ewige „Warum - Frage" steht im Raum. Nimmt alle Gedanken weg, weil wir uns fast nur auf das WARUM konzentrieren. Ist das wirklich so wichtig? Wichtig ist doch, dass es passiert ist, dass wir einen Weg finden müssen, damit umzugehen. Was hilft es uns jetzt also, ohne unsere Kinder befragen zu können, immer nach dem WARUM zu fragen? Wenn wir es nicht selbst ganz genau wissen, wenn es nur unsere Kinder genau wissen (und auch das bezweifle ich), drehen wir uns doch nur im Kreis.

Wenn wir uns eingestehen, wir haben bei unseren Kindern versagt, dann sollten wir auch soweit gehen, zu sagen: Auch unsere Kinder haben in ihrer Rolle als Sohn bzw. Tochter versagt. Ich gehe davon aus, dass wir alle versucht haben, unseren Kindern Normen und Werte zu vermitteln. Emotionalität, Empathie, Menschlichkeit. Ich denke noch an einen Spruch, der oft in meinem Poesiealbum stand (so was hatten wir früher): „Was du nicht willst, das man dir tu, das füg auch keinem andern zu".

Möchten unsere Kinder einen Kontaktabbruch ihrer Kinder erleben? Können sie sich überhaupt in uns hineinversetzen, wollen sie das überhaupt? Nein, wir sind die Eltern, wir haben versagt, es gibt keine zweite Chance. Nein? Verurteilt auf lebenslänglich (?), ohne Anrecht auf Verteidigung, Klarstellung, Anhörung oder gar Wiedergutmachung. Auch ich sage mir immer wieder: Ich habe alles, was ich konnte, meinem Sohn gegeben. Die eigentlich schmerzhafteste Erkenntnis ist: So wunderbar, wie wir uns unsere Kinder wünschen, so perfekt, wie wir sie uns einreden, müssen sie einfach enttäuschen. Unsere Kinder sind uns ähnlicher, als wir glauben: Auch sie sind im Innersten beschädigt.

Jeder von uns durchforstet sein Gedächtnis nach Alarmzeichen, nach Bemerkungen der Kinder, die wir überhört haben, nach Dingen, die wir übersehen haben. Vielleicht waren diese Dinge ausschlaggebend. Auch ich tue das immer und immer wieder. Aber letztendlich kann ich mich nur an tausend alltägliche Augenblicke erinnern. Aber woran erinnert sich mein Sohn? Ich habe gelesen, dass Erinnerungen sich verändern. Mit 12 Jahren erinnert man sich anders an seine Vergangenheit als mit 45, dann meist besser, verklärter. Das heißt doch, es ist positiv, wenn wir Abstand zu unseren Erlebnissen bekommen. Das heißt für mich: Vielleicht verändert sich auch bei meinem Sohn etwas in seinen Erinnerungen. Da habe ich meine Hoffnung wieder, die wir alle haben, die verlassenen Eltern und die verlassenden Kinder. Denn auch die Kinder haben die Hoffnung, es könnte sich doch was bei den Eltern verändert haben. Und genau hier beginnt die Schwierigkeit. Wer geht auf wen zu? Die Angst ist auf beiden Seiten so enorm groß, doch irgendein falsches Wort zu sagen, eine falsche Geste, sogar ein falscher Gesichtsausdruck könnten schon einen kleinen neuen Kontakt kaputt machen. Welche Worte sind aber die richtigen?„Hören Sie auf zu rauchen, das ist pervers!" sagt mein Hausarzt mir noch beim Verlassen der Praxis. Puhh! Was soll ich jetzt damit anfangen? Nein, pervers ist was anderes. Ich möchte so gerne antworten, kann es aber nicht, weil ich ..., ja, warum eigentlich nicht? In den letzten 9 Jahren war ich psychisch und physisch ganz unten, ich hatte einen Hörsturz mit bleibendem Tinnitus; ich habe Schlaftabletten und Alkohol zu mir genommen, nicht, was Sie denken, sondern um einmal richtig zu schlafen. Aufgewacht bin ich im Krankenhaus und musste mich natürlich rechtfertigen. Ich habe mich geritzt, weil ich diesen anderen Schmerz nicht mehr spüren wollte. Ich habe 9 Jahre (und immer noch) nur mit Hilfe von Schlaftabletten ein wenig Schlaf haben können, ich habe letztendlich meinen Job aufgeben müssen; viele Freunde (gut, ich dachte, es sind Freunde) verloren, auch meinen Bruder (ich glaubte doch wirklich, er muss meinen Schmerz verstehen). Nach 17 Jahren ging auch mein Mann (sicher nicht nur aus diesem Grund, aber auch er hatte Probleme mit meinen Depressionen). Jetzt bin ich herzkrank(?????!!!!), sprich: Tabletten und wieder Tabletten. Vieles ist Folge von chronischem Stress. Sie wissen das alles und was sagen Sie mir? Hören Sie auf zu rauchen – das ist alles? DAS FINDE ICH PERVERS!"

So, nun ist es raus. Habe ich dem Arzt jetzt ein schlechtes Gewissen gemacht? Wohl kaum. Er ist ja nicht verantwortlich für mein Leben. Das bin alleine ich.

Aber wie gerne hätte ich es gehabt, dass mir jemand zuhört, ehrliches Verständnis zeigt und auch Verantwortung für mich übernimmt. Manchmal mir ein wenig von der Last abnimmt, die mir oft zu schwer war, alleine zu tragen. Aber die Verantwortung für mich kann nur ich übernehmen. Wie aber bin ich mit dieser Verantwortung umgegangen? Gar nicht, ich wollte auch nicht. Ich wollte einfach nicht mehr. Ich hatte von einem Tag auf den anderen plötzlich ein neues Bild von mir. Und das war schrecklich.

Schuldgefühle überfielen mich. Ich musste mich mit

ihnen auseinandersetzen, mir klar machen, dass ich nicht die Mutter bin, die ich immer glaubte zu sein. Da war ein Zusammenbruch natürlich programmiert. Ziemlich früh habe ich erkannt, dass ich Hilfe brauche, professionelle Hilfe. Also telefonieren, telefonieren, telefonieren. Bei Erklärungsversuchen musste ich die Tränen aufhalten, die praktisch immer gelaufen sind, sobald ich mein Thema aussprach. Ich fand eine Therapeutin. Ja, ich war guten Glaubens, hier bekomme ich Hilfe. Falsch gedacht. Es mag an vielem gelegen haben. Vor allem aber daran, dass ich noch gar nicht so weit war. Ich bin in meinem Schmerz, meinem Kummer ertrunken. Um nichts in der Welt konnte ich wütend auf meinen Sohn sein. Das aber sollte ich in der Therapie lernen. Ich war nur unendlich traurig. Immer musste ich weinen, sobald nur sein Name fiel. Diese Therapeutin schaffte gar nichts. Ich kam auch nicht mit ihr zurecht. Sie war so weit entfernt, um überhaupt mein Problem zu begreifen. Abgewählt!

Durch Zufall hörte ich einen Vortrag über chronischen Stress. Da erkannte ich: Das ist es. Ich leide seit Jahren, seit dem Kontaktabbruch, unter chronischem Stress. Der Referent war ein Therapeut. Wir kamen ins Gespräch, und ich begann eine erneute Therapie. Er hörte zu, er war bei mir, gab mir immer das Gefühl, meinen Schmerz zu verstehen. Er hat mich hundert Schritte nach vorn gebracht. Das werde ich nie vergessen.

Ich habe noch einen Sohn. Mit ihm spreche ich offener, wir konfrontieren uns. Denn mittlerweile habe ich etwas verstanden!

Wie war die Zeit, als sein Bruder fortging, für ihn? Ich habe mir vorgestellt, wie es in ihm ausgesehen haben mag, was er gedacht und gefühlt haben könnte. Und ich habe ihn dann befragt und meine Vermutungen geäußert: *Wie hast du diese Zeit mit mir erlebt? Hast du dir Sorgen um mich gemacht? War ich überhaupt noch eine Mutter für dich? Was hast du gedacht, gefühlt, wenn du abends zu Bett gegangen bist, und ich wieder mal den ganzen Tag geweint habe? Was hast du über Deinen Bruder gedacht? Wie war es für dich, da du ja immer bei mir warst und ich nur an ihn gedacht habe? Warst du wütend auf ihn? Warst du wütend auf mich?*

Das Schöne ist – ich kann ihn das alles fragen, und ich bekomme sogar Antworten. Auch Antworten, die mir nicht immer gefallen. Wir setzen uns auseinander. Er fordert mich heraus, stellt oft meine Gedanken infrage. Ja, manchmal ist das überaus anstrengend. Ja, manchmal bin ich eingekreist von seinen Forderungen, mich konstruktiv auseinanderzusetzen.

Aber ist das nicht wunderbar? Ja, für mich ist es das.

Eltern lieben ihre Kinder, als Alleinerziehende waren, und sind meine Kinder ein großer Teil meines Lebens. Und doch musste ich mir klar werden darüber, dass Liebe allein nicht alles ist, oder nicht genug. Ja, wir machen als Mütter oder Väter Fehler, wir bekommen ja keine Ausbildung dafür. Und selbst, wenn wir eine hätten und alle Ratgeber befolgen würden, machen wir Fehler. Menschliche Fehler.

Aber irgendwann kann es passieren, dass ein Kind im Zorn geht, Vorwürfe im Raum stehen lässt, Schuldgefühle hochkommen lässt, und du bekommst keine Chance, dich zu erklären, zu reden, zu versuchen, was zu klären. Ich hatte ja 28 Jahre eine Chance, die habe ich versaut. Nun bekomme ich keine mehr. Jeder Verbrecher bekommt eine Chance, sich zu verteidigen, ich wurde ohne Verteidigung schuldig gesprochen und habe nun schon 9 Jahre Strafe hinter mir.

Ich will auch für nichts eine Entschuldigung finden, ich

will auch nicht um Verständnis, um Einsicht bitten. Das geht nicht, kommt gar nicht in meinen Gedanken vor. Ich möchte so gerne nur noch einmal eine Gelegenheit bekommen, vieles besser zu machen, vieles anders zu machen.

Wie war das damals für mich?

Mein Sohn schrieb einen Brief – „ich will nichts mehr mit dir zu tun haben, deine Uneinsichtigkeit, auf deine Meinung beharrend, deine Abgeklärtheit, nicht einfühlsam sein zu können, gehässig und rechthaberisch zu sein, will ich nicht mehr hinnehmen".

Schwere Anschuldigungen, sehr schwere! Ich habe das so nie gesehen und auch all die Jahre davor so was nie von meinem Sohn gehört. Redet er von mir, sieht er mich so? Ich war zutiefst erschüttert, was ich für eine Mutter bin.

Für mich kam dieser Kontaktabbruch meines Sohnes erst mal aus dem Nichts. Ich habe nichts verstanden. Sicher hat er mir viele Signale gegeben, sicher hat er versucht, was zu erklären. Ich war blind und taub. Ich habe nichts gesehen und nichts gehört, geschweige denn verstanden. Wie soll man denn etwas ahnen, wenn man gar nicht weiß, dass es das gibt??? Niemals, niemals wäre ich auf die Idee gekommen, dass mein Sohn sich so abwendet und gar keinen Kontakt mehr will. Ich habe mich nie so gesehen, vielleicht hatte er ja recht.

ICH HATTE MICH SCHULDIG GEMACHT, TOTAL VERSAGT.

„Zwischen mich und meine Söhne passt kein Blatt Papier": Das sagt sich so einfach. Das dachte ich auch. Dass er aber schon ganz andere Gedanken im Kopf hat und dabei ist, diese umzusetzen, ist mir nie auch nur eine Sekunde bewusst gewesen. Ich ging doch wirklich von der irrigen Ansicht aus, dass ich ihn kenne. Dabei

habe ich vor neun Jahren anscheinend nicht mal mich gekannt.

Ja, so traurig sich das anhört, ich habe mich eigentlich nie so richtig infrage gestellt. Das heißt, ich habe mir in bezug auf mich, mein Umfeld und mein Leben, wenige Fragen gestellt. Ich war damit beschäftigt, Geld zu verdienen, meinen Kindern ein einigermaßen angenehmes Leben zu bieten, Freundschaften zu pflegen, die Familie zu bedienen usw. Harmonie war mir wichtig, es nach Möglichkeit jedem recht zu machen. Auf mich habe ich wenig geachtet. Wenn alle sich wohlfühlen, dann fühle ich mich auch wohl. So war meine Einstellung.

Heute ist das anders. Durch den Weggang meines Sohnes ist mir vieles bewusster geworden. Das ist das Gute daran. Ohne ihn (den Weggang) wäre ich nicht die, die ich heute bin.

So absurd das klingen mag!

Dafür bin ich dankbar. Klar, ich hätte mir diese Erfahrung sehr gern erspart. Klar, darauf kann jeder verzichten, der Kinder großzieht. Und doch muss ich sagen, mein Leben wäre ganz sicher völlig anders verlaufen.

*Deshalb möchte ich ganz sicher nicht als Opfer gesehen werden. Ich möchte mich auf gar keinen Fall in die Rolle der „verlassenen Mutter" – ach die Arme – drängen lassen. Ich selbst habe dazu beigetragen, dass mein Sohn den Kontakt abgebrochen hat. Aber ich möchte auch nicht außer Acht lassen, dass es viele äußere Einflüsse gegeben haben muss. Wenn ich überhaupt von Opfer spreche, dann ist mein Sohn auch ein Opfer. Ein Opfer meines Umgangs mit ihm, meiner Erziehung und meiner Entscheidungen. Aber ich will das nicht so sehen. Ich will versuchen, mit seiner Entscheidung zu leben. Andererseits weiß ich jedoch, dass ich das gar nicht **will**, allerdings muss ich es. Unbedingt sagen*

möchte ich noch einmal, dass alles, was ich hier schrei-
be, meine und nur meine Sicht der Dinge ist.
Sicher war es für meinen Sohn damals wichtig, diesen
Schritt zu tun. Die Frage ist nur, ob es immer noch
wichtig ist, diese Entscheidung so konsequent aufrecht-
zuerhalten? Und – ist es immer noch gut für ihn und
seine Familie? Wir sind Menschen, wir können uns mit
Schuld beladen, aber wir können auch verzeihen. Ich
finde, das ist das Wichtigste. Nur einer muss den ersten
Schritt tun. Ich habe es vielfach versucht in den letzten
Jahren. Bin aber nur auf Ablehnung gestoßen bzw. auf
gar keine Reaktion.
Vielleicht habe ich bei meinen Versuchen auch nicht die
Worte gefunden, die meinem Sohn wichtig waren. Aber
welche sind das? Als ich diese Briefe schrieb, war ich
auch überhaupt noch nicht da, wo ich heute bin.
Manchmal denke ich, es wäre besser gewesen, diese
Briefe nicht zu schreiben. Sie waren „gefühlsschwüls-
tig". Ich konnte und wusste es nicht besser. Nun mache
ich gar nichts mehr. Das ist ja auch nicht wahr. Ich
mache nichts mehr in Richtung meines Sohnes. Ich will
ihn auf gar keinen Fall unter Druck setzen.
Ich bezeuge meine Achtung vor der Entscheidung mei-
nes Sohnes, indem ich es auf sich beruhen lasse. Das
hat nichts mit meinem Schmerz zu tun, den ich nach wie
vor habe. Wenn er den Wunsch verspürt, einen Schritt
auf mich zuzugehen, soll das von ihm aus passieren.
Wie schaffe ich es, ein einigermaßen lebenswertes Le-
ben auch ohne meinen Sohn zu führen?
Das ist unglaublich schwer. Seit neun Jahren drehen
sich täglich und nächtlich meine Gedanken fast aus-
schließlich um dieses Thema. Seit neun Jahren ist mein
Schlaf zerstört. Schlafstörungen kann man bekämpfen,
indem man die Ursache findet und diese beseitigt, sagen

Mediziner, Therapeuten. Ja, wie soll ich die Ursache beseitigen? Dazu gehört mehr, als nur mein Wille.

„Wenn du deine Erinnerungen verlierst, verlierst du dich", sagen die Maori. Aber vielleicht wollte er ja sich verlieren. Sicher wollte er das Leben, das er bis dahin gelebt hat, verlieren. Ein Anderer sein. Das spricht auch dafür, dass er unseren Familiennamen abgelegt hat. Ist das alles gesund? Kann er wirklich alles ablegen, was seine Vergangenheit betrifft? Kann ein Baum noch blühen, wenn alle seine Wurzeln gekappt werden? Was macht das Unterbewusstsein? Ich mache mir Sorgen, ob er das alles so verarbeiten kann, ob es ihm wirklich gut geht.

Ja, er hat viel erreicht. Abitur, Studium, Arbeitsplatz, eine glückliche Beziehung. Nur eines steht aus meiner Sicht noch aus – über sich hinauszuwachsen, zu sehen, wie es den Menschen geht, die ihn so viele Jahre begleitet haben, die immer noch nur schwer ohne ihn leben können und die ihn lieben.

Inzwischen kann ich vieles aus seinen Briefen umdrehen – „deine Uneinsichtigkeit, auf deine Meinung beharrend, deine Abgeklärtheit, nicht einfühlsam sein zu können ...". Aber dieser Brief ist vor neun Jahren geschrieben worden, in einer sicherlich für ihn auch schrecklichen Situation. Ja, ich weiß, ich verteidige ihn. Er ist mein Sohn, auch wenn er da nicht mehr sein will, und für Kinder gelten eben andere Regeln.

Ich weiß heute auch, dass es falsch ist, wenn man sein Kind als Teil von sich selbst sieht. Das ist es nicht. Jeder steht für sich selbst da. Nur Müttern fällt das eben besonders schwer. Auch ich habe mich oft durch meine Kinder definiert. Ich will nicht behaupten, dass ich das jetzt gar nicht mehr tue. Aber ich übe. Christof wurde sicher oft überfordert, das kann allerdings nur er selbst beantworten. Ich weiß schon, dass ich meinen Sohn oft mehr als Partner behandelt habe, denn als mein Kind. Aber ich bin eben nicht perfekt. Wer ist das schon? All das kann er mir sagen, von mir aus auch sauer darüber sein, sein gutes Recht. Anfangen zu reden: Würde das nicht auch ihm gut tun? Kann es nicht sein, dass er auch Schmerz mit sich herumträgt, all diese Jahre?

Ich verstehe ihn ja, nur, jetzt ist eine andere Zeit. Er muss keine Angst mehr haben, dass ich ihm nichts zutraue. Ich denke, er hat es so gesehen. Aber er hat auch alles dafür getan, dass viele ihn so gesehen haben. Dennoch habe ich ihn ständig gegen alle diese anderen verteidigt. Vielleicht wollte er das ja selber tun. Wie gerne möchte ich mit ihm darüber reden, möchte erfahren, welche Gedanken er damals im Kopf hatte. Wie er mich gesehen hat. Dieser Mann, der er geworden ist, ist mir fremd. Und doch ist er mein Sohn. Und ich möchte ihn so gerne kennenlernen.

Mütter, Eltern überhaupt sind nicht vollkommen, genauso wenig wie die Kinder, wie jeder Mensch.

Vielleicht sind durch diese Unvollkommenheit den Kindern Verletzungen zugefügt worden, die sie ein Leben lang mit sich rumschleppen. Die direkte Konfrontation wagen allerdings die wenigsten Kinder. Insofern zeugt es von Stärke, dass mein Sohn es gewagt hat. Aber es über Jahre aufrechtzuerhalten, ohne den Eltern die Möglichkeit zu geben, etwas besser, etwas richtiger zu machen, zeugt eher von einer kindlichen Trotzhaltung. Und ist das Stärke? Wohl eher nicht.

Für das Kind ist der Grund der Trennung klar. Er oder sie haben sicher lange darüber nachgedacht. Davon haben die Eltern vielleicht gar nichts mitbekommen. Zumal in meinem Fall, mein Sohn schon lange nicht mehr zuhause wohnte. Also war es für mich ein beson-

derer Schock, als ich seine Vorwürfe las. Alles war un-
klar und meine Verunsicherung riesengroß.
Er hat mir oft verdammt viel zugemutet. Hätte das ein
anderer gemacht, das hätte ich mir nicht gefallen las-
sen. Aber er ist mein Sohn und hier gelten, wie schon
gesagt, andere Regeln.
Schuldgefühle kommen sofort hoch. Ich bin der Mei-
nung, die hat jede Mutter sowieso immer. Immer hatte
ich das Gefühl, nicht genug Zeit zu haben, nicht genug
für die Kinder da zu sein. Aber bei einem Kontaktab-
bruch sind Schuldgefühle die einzigen Gefühle, die üb-
rig bleiben. Sie sind eine riesengroße Wand, die vor dir
steht und die nicht zu überwinden ist. Ich bedaure, mei-
nem Sohn etwas zugemutet zu haben, was zu schwer für
ihn war. Habe ich den Menschen, den Jungen, immer
richtig gesehen, oder habe ich nur gesehen, wie komme
ich von einem Tag zum anderen?
Trotzdem – ich wollte alles richtig machen. Ich wollte
mein Bestes geben. Nur leider ist ja das Beste eben
nicht immer das Richtige. Hier sind wir wieder beim
Unvollkommensein. Und sowieso – die Mutter ist immer
schuld!!!
Aber wie kann ein Kontakt zustande kommen? Ich weiß
es nicht.
Es geht schon lange nicht mehr darum, warum mein
Sohn den Kontakt abgebrochen hat. Ich glaube, er hatte
seine Gründe. Ich will sie nicht anzweifeln, dann würde
ich auch ihn anzweifeln. Jetzt geht es nicht um das „wa-
rum", sondern wie ist es auszuhalten, wie können wir
damit leben? Wie geht das – nie mehr das eigene Kind
sehen, sprechen, ja zeigen dürfen, dass ich es liebe? Nie
mehr etwas anders machen können, nie mehr sagen
können – entschuldige, ich wusste es nicht besser.
Immer, immer bleibt der Gedanke an den Sohn. Kein

Tag vergeht, an dem ich nicht an ihn denke, an dem ich mir nicht vorstelle, was macht er gerade. Keine Nacht vergeht, ohne dass ich vor dem Einschlafen an ihn denke (schlafen ist sowieso ein Problem geworden). Wir werden unsere Kinder nie vergessen. Wie soll das auch gehen?

Die Frage bleibt, wie geht es den Kindern damit? Denken sie auch daran, denken sie auch an uns? Auch sie können ihre Vergangenheit nicht auslöschen, selbst, wenn sie es noch so sehr versuchen. Auch bei ihnen werden immer wieder mal Gedanken auftauchen, die sie nicht wollen, die aber kommen.

Deshalb sollte es unser aller Bestreben sein, uns mit der Vergangenheit auszusöhnen. Wir Eltern müssen lernen, unsere Kinder mit anderen Augen zu sehen. Aber auch unsere Kinder müssen lernen, uns mit anderen Augen zu sehen. Miteinander reden ist das wichtigste.

Wie aber geht das?

Ich fühle – also bin ich
Über (verletzte) Gefühle

Es irrt der Mensch, wenn er nur denkt.
Denn tatsächlich bestimmen Gefühle unser Handeln.
Das Herz ist wichtiger als die Gehirnwindungen!
Wenn wir uns wohlfühlen, ist unsere Welt in Ordnung.
Fühlen wir uns schlecht, werden wir aktiv, um uns besser zu fühlen. Gefühle lösen Aktivität aus! Sie sind absolut kein Luxus, sondern notwendig für unser Überleben.

In Gesprächen geht es fast nie um etwas rein Sachliches, weil Menschen sogar zu allen Sachen eine innere Einstellung und Beziehung haben. Vernünftige Argumente helfen absolut nicht weiter, wenn Herzblut mitspielt.

Welche Kleidung wir tragen, für welches Auto wir schwärmen, welche Partei wir wählen – nichts ist nur objektiv. Persönliche Momente spielen immer mit.

Die Werbung weiß das längst, und darum sollen die Produkte, ob Auto oder Abführpille, Emotionen auslösen, und zwar positiv getönte.

Verbreitet ist die Hoffnung, Gefühle würden und müssten sich auch mal abschwächen: „Unangenehme Kindheitserlebnisse sind doch nach Jahren mal vergessen, die können doch bei einem erwachsenen Menschen kaum noch eine Rolle spielen", so etwas höre ich immer wieder von Eltern.

Gefühle lösen sich nicht auf wie der Rauch einer Zigarette. Im Gegenteil: Ob etwas im Gedächtnis haften bleibt, das hängt ganz stark von Gefühlen ab. Je mehr Gefühle in einer Situation aktiviert sind, desto nachhaltiger brennt sich das Ereignis im Gehirn ein.

Denken Sie mal an das Attentat in New York im August

2001. Erinnern Sie sich noch, was Sie damals gerade taten oder wo Sie sich aufhielten? Die meisten Menschen wissen das noch recht genau. Vergessen haben wir dagegen, was am Tag vorher los war. Und wahrscheinlich ist Ihnen das Lernen leichter gefallen, wenn Sie den Lehrer oder die Lehrerin mochten.

Probleme lösen angenehme oder nicht so schöne Gefühle aus, und da wir nach den angenehmen Gefühlen trachten, unternehmen wir eine ganze Menge, um die unangenehmen und belastenden Gefühle nicht zu haben. Darum ist es wichtig, positive Gefühle auszulösen, denn sonst drohen Distanzierung oder Ablehnung. Menschen möchten sich vor unangenehmen Gefühlen schützen, auch vor den Personen, die mit den belastenden Gefühlen assoziiert werden.

Und darum kommen Sie nicht umhin, immer wieder um den Kontakt zu werben.

Dafür spricht noch ein weiterer Grund:

Mit Ihrem Kind hat es ein Problem gegeben, also eine Meinungsverschiedenheit oder ein unterschiedliches Erleben einer Situation. Dabei haben sich beide Seiten im Recht gefühlt.

Bis hierher konnte man mehr oder weniger sachlich reden, doch dann sind Gefühle in die Auseinandersetzung gekommen, und aus dem sachlichen Problem wurde ein Konflikt, also ein emotional befrachtetes Problem. Wenn Ärger, Enttäuschung, Trauer oder Wut ausgelöst werden, wird es schwierig, weil es dann nicht mehr um eine Sache geht, sondern um etwas Persönliches, nämlich um die eigene Anerkennung und um Herzblut, man fühlt sich angegriffen. Und was tut ein Mensch, der sich so fühlt? Er macht dicht, um sich zu schützen, oder er verteidigt sich. Bei einem Konflikt ist der Bauch beteiligt, es geht nicht mehr nur um Sachliches. Meine Kollegin Ursula Wawrzinek gebraucht dafür ein schönes Bild: „Je mehr Raum der Bauch einnimmt, desto weniger Platz bleibt im Kopf" (Geht's noch? München 2009).

Mit anderen Worten: Die Vernunft kommt gegen das Gefühl nicht an, man redet aneinander vorbei, und der Wunsch, der Konfliktpartner möge doch vernünftig sein und auf dem Teppich bleiben, verhallt unerfüllt. Aus dem Sachproblem ist ein Beziehungsproblem geworden, und das können Sie nicht mehr mit logischen Argumenten klären.

Solange heftige Gefühle beteiligt sind, müssen die zuerst runtergefahren werden. Wenn im Bauch wieder einigermaßen Ruhe herrscht, wird der Kopf freier. Aber erst dann!

Was können sie tun?

Sie reduzieren Spannungen, indem Sie die Gefühle des Konfliktteilnehmers respektieren, also sich Bewertungen oder gar Kritik kräftig verkneifen. Vielleicht schaffen Sie es sogar, das beim Konfliktpartner vermutete Gefühl mit eigenen Worten zu spiegeln, beispielsweise:

- „Du bist jetzt sauer auf mich?"
- „Das ärgert dich?"
- „Du bist enttäuscht?"
- „Du bist entsetzt?"
- „Ich habe dich verletzt?" (ohne anklagenden Unterton!)

Null Kommentar! Alles, was Ihnen gesagt wird, alles so stehen lassen! Egal, ob es richtig, in Ihren Augen falsch oder völlig einseitig erscheint: Bloß keinen Kommentar oder gar eine Wertung abgeben! Sonst schaukelt sich das Gespräch ganz schnell noch weiter hoch, und die Argumente knallen noch massiver aufeinander.

Warum? Weil Gefühle immer ganz persönlich und dadurch weder „richtig" noch „falsch" noch „albern" sind.

Und weil Sie als Eltern dazu neigen, Ihre Autorität und Ihre „richtige" Ansicht in die Waagschale zu werfen – und das wirkt in aufgeladener Spannung wie eine Provokation, selbst wenn Sie ziemlich viel Recht haben.

Aber gerade junge Menschen suchen die Würdigung ihres Standpunktes. Das vermittelt ihnen das wichtige Gefühl: Ich zähle, man nimmt mich ernst.

Warum sollte man ihnen das nicht zugestehen?

Aber: Gibt man ihnen damit nicht automatisch recht? Überhaupt nicht! Zuhören heißt noch lange nicht, mit dem Erfahrenen einverstanden zu sein. Es geht hier nur darum, eine Eskalation des Gespräches zu vermeiden, die Gefühle runterzufahren und dadurch eine bessere Ausgangsbasis für ein vernünftiges Gespräch anzusteuern. Motto: weniger Bauch und dadurch mehr Kopf.

Aber auch Ihre eigene Betroffenheit kann im Wege stehen. Möglicherweise können Sie einen Gang bei sich selbst runterschalten, indem Sie sich kurz fragen: Bin ich bei diesem Konfliktthema besonders empfindlich? Warum? Denn wenn das so ist, dann werden meine Gefühle schnell geweckt und verdrängen die abwartende und ruhige Logik.

Ist das, was ich erwarte, für den anderen so einfach zumutbar? Oder mute ich meinem Gegenüber etwas zu (was keinesfalls verboten ist), aber dann sollte ich das auch zum Ausdruck bringen: „Ich kann mir vorstellen, dass mein Wunsch / meine Ansicht / meine Erwartung, für dich ein Hammer ist. Ist das so? Wie siehst du das?"

So können Sie erfahren, wo beim Gesprächspartner der Schuh drückt – und solch eine Druckstelle kann sich, unbeachtet, schnell entzünden!

Fragen sie sich weiter: Kann ich mir Friedensangebote oder einen Kompromiss vorstellen? Worüber könnte ich verhandeln, und an welchem Punkt möchte ich keinesfalls nachgeben? An welchem Punkt könnten wir uns begegnen?

Ein Beispiel:

Tina ist 27 Jahre alt, eine hübsche junge Frau. Sie ist gerade geschieden und stürzt sich, vielleicht um sich abzulenken, in die Arbeit. Erschöpft besucht sie ihre Eltern und lässt sich in einen Sessel fallen.

„Puh, das war wieder ein Tag heute! Es wird immer verrückter. Drei Kollegen krank und der Rest darf das ausgleichen. Man ackert wie ein Tier, und es gibt nicht mal mehr Futter."

Der Vater blickt sie besorgt an: „Du arbeitest zu viel. Darum hat es auch mit deiner Ehe nicht geklappt."

Tina faucht ihn an: „Und du urteilst zu viel, ohne überhaupt Ahnung zu haben. Warst du im Ehebett bei uns dabei? Was weißt du denn schon! Du posaunst doch bloß kluge Sprüche raus, heiße Luft. Hast du das von deiner Partei gelernt?"

Das sitzt, denn der Vater ist in der Kommunalpolitik aktiv. Er will die Ordnung wiederherstellen, schließlich ist er nicht irgendwer: „So kannst du mit deinem Ex reden, aber nicht mit mir."

„Es ist wohl am besten, wenn ich mit dir gar nicht mehr rede."

Tina steht auf, geht zur Tür und ist fort.

Der Vater ruft noch. „Tina, stell dich doch nicht so an. Leg doch nicht jedes Wort auf die Goldwaage." Doch das hört Tina schon nicht mehr.

„Die ist ja völlig überarbeitet", meint der Vater beim Abendbrot zu seiner Frau. „Am besten, wir lassen sie in Ruhe. Die wird schon kommen."

Doch sie kommt nicht.

Die Eltern litten und riefen sie an. Tina drückte den Anruf weg. Einen Brief der besorgten Eltern schickte sie ungeöffnet in einem größeren Umschlag zurück. Dabei lag ein großer Zettel: „Mit Zombies will ich nichts zu tun haben!"

Zu Mutters Geburtstag gab es einen knappen Kartengruß, zu Vaters Geburtstag nichts.

Schweigen in der Familie, was die Eltern nicht nachempfinden können: „Was ist schon passiert? Ein kleiner Wortwechsel, mehr doch nicht. Darf man als Vater nicht mal mehr seine Meinung sagen?"

Man darf schon, aber es kommt auch auf den Zeitpunkt und die Verfassung des anderen Menschen an, damit aus einer Meinung keine Grobheit oder gar Verletzung werden. Und am besten ist es, wenn eine Meinung auch wirklich gehört werden möchte: „Darf ich dir etwas dazu sagen?" Bei fremden Personen oder bei Kollegen würde Sie Ihre Meinung doch auch nicht mal eben ungebeten auskippen.

In der Familie geht alles?

Tina ist erschöpft und angeschlagen durch Trennung und Arbeit. Und dann kommt Vaters Urteil, sie arbeite zu viel. Das mag man ja noch anhören, denn es ist in gewisser Weise auch eine Anerkennung. Man ist wenigstens kein Faulpelz.

In dieser Situation könnte aber schon eine klitzekleine seelische Verletzung entstanden sein. Tina arbeitet so viel, um weniger Zeit zum Nachdenken und Nachtrauern zu haben. Sie lenkt sich ab – und der Vater kritisiert ihr Manöver zur Überwindung des Kummers.

Doch dann wird es richtig heiß: Der Vater spielt sich zum Neunmalklugen auf, der seiner unwissenden Tochter in einem Satz erklärt, warum ihre Ehe scheiterte. Und indirekt gibt er ihr dabei die ganze Schuld. Und das alles in wenigen Worten, mal eben so dahergesagt.

Muss man sich denn jedes Wort vorher überlegen? Darf man gar nicht mehr spontan sein?

Man darf alles, man darf auch 15 Stunden hinter dem Steuer sitzen und nach Sizilien durchbrettern. Aber ob das gut und hilfreich ist?

Man darf nämlich auch etwas mehr Sensibilität und Einfühlungsvermögen zeigen, besonders in angespannten Situationen, wenn die Haut dünn ist und die Nerven angeknackst sind.

Es hilft, wenn man sich dann fragt: „Wie würde ich mich wohl kurz nach einer Trennung fühlen? Was würde mir helfen?"

Vielleicht seelische Geborgenheit?

Menschen sind Gefühlswesen. In Gesprächen geht es darum selten um die Worte, sondern mehr um das, was diese Worte ausdrücken und anrichten. Denn wir sind alle fleißige Interpretierer: Wenn wir etwas hören, verarbeiten wir es subjektiv, also entsprechend der eigenen Befindlichkeit.

Bin ich gut drauf, kann ich auch härteren Tobak noch ganz gut vertragen. Doch wenn ich angeschlagen und bekümmert bin, benötige ich mehr Schutz und mehr Anteilnahme.

Es ist nicht gerade leicht, stets und immer zu erkennen, in welcher Verfassung der andere ist, schließlich sind wir keine Hellseher. Und darum ist Vorsicht geboten, und man kann erst mal fragen: „Wie geht es dir?"

Auf jeden Fall treten wir kräftig in seelische Fettnäpfchen, wenn wir als Elternteil unsere erwachsenen Kinder beurteilen. Wir spielen uns dann als große Besserwisser auf, und die Kinder fühlen sich klein und dumm. Und wer empfindet das schon gerne?

Natürlich wissen Eltern manches besser. Aber oft ist es für die Kinder hilfreicher, ihre eigenen Erfahrungen zu machen. Und die einprägsamsten Erfahrungen sind diejenigen, die wehgetan haben.

Auch wenn Kinder eine andere Meinung haben als die Eltern, so ist das an sich schön: Auch Andersdenkende denken! Das ist beruhigend.

Diese Erkenntnis sollte auch zum Wissen der Kinder gehören: Eltern sehen die Ereignisse häufig anders. Das ist weder ein Verrat noch ein Verbrechen. Es ist „nur" normal, eine innerfamiliäre Diskrepanz. Warum sollte man sich darüber nicht austauschen und Kompromisse suchen? Man wird nicht geliebt, weil man im Recht ist, sondern menschlich, also verständnisvoll, bleibt.

Kinder sind den Eltern gegenüber besonders empfindsam. Die Eltern, das sind die Großen, die Perfekten, die insgeheim oft noch Bewunderten. Und an die wird, wie auch an andere Stars und bewunderte Politiker, ein strenger Maßstab angelegt. Kinder erwarten viel – und sind in ihrem Weltbild erschüttert, wenn Eltern den hohen Ansprüchen nicht genügen und wie „normale" Menschen reagieren.

Vertrautheit basiert auf dem Verständnis für die Gefühle des anderen Menschen. Sie ist grundsätzlich anders als eine Bewertung. Letztere fördert Hierarchien. Erwachsene Kinder brauchen das überhaupt nicht mehr und reagieren an diesem Punkt sehr empfindlich. Und wenn Vater oder Mutter das nicht einsehen wollen, wächst der resignative Trotz: Die Alten ändern sich nie! Und das heißt: Ich habe keine Chance!

So sieht es auch Silke. Sie ist gerade 20 Jahre jung geworden und schaut zusammen mit ihrer Mutter und dem jüngeren Bruder fern. In einem Magazin wird ein Bericht über Brustvergrößerungen gesendet. Die Mutter dreht sich zu ihrer Tochter hinüber und meint: „Eine größere Brust – das hast du dir doch immer gewünscht. Wäre das nichts für dich? Lass dir doch mal Unterlagen schicken."

Die Situation wäre vielleicht noch zu retten gewesen, wenn der Bruder seinen Mund gehalten hätte. Der aber setzt noch eins drauf: „Vielleicht wachsen die Dinger ja noch."

Eigentlich familiärer Hickhack, doch für jeden Menschen gibt es sensible Themen. Werden die angekitzelt, geht der Mensch hoch. Und wenn das öfter passiert, wächst der Wunsch, sich zu schützen, und man geht aus dem Zimmer oder schließlich aus der Wohnung.

Wenn man dann eine Entschuldigung vernimmt, ist zwar nicht alles vom Tisch, aber man muss sich nicht auch noch „angemacht" fühlen.

Eine wichtige Frage: Kennen Sie eigentlich die sensiblen Themen bei ihrem Sohn oder Ihrer Tochter?

Missverstehen wir uns richtig?
Das Wichtigste beim Gespräch ist das zuhörende Schweigen

„Wir haben ein kurzes Gespräch geführt darüber,
dass wir weiter sprechen werden.“
Bundeskanzlerin Merkel am 26.8.2010
über ihre Gespräche mit Energiekonzernbossen

Gute Gespräche sind ein Geschenk. Man freut sich und fühlt sich wohl. Man erwischt einen Zipfel des Glücks. Bei schlechten Gesprächen hegt man Mordgedanken oder möchte nie wieder mit dem anderen sprechen.

Das Wichtigste beim Gespräch ist das Schweigen. Ehrlich! Schon Heinz Erhardt wusste: „Nichts ist so schwer zu halten wie der Mund.“

In den meisten Gesprächen möchten wir dem anderen etwas mitteilen und von unserer Sichtweise überzeugen. Doch dann wollen wir kein Gespräch, sondern nur eine Werbeveranstaltung für uns selbst. Das ist schade, denn da entgeht uns viel.

Ein gutes Gespräch basiert auf dem Geben und dem Nehmen: Der Austausch von Information und Gefühlen sollte wechselseitig sein. Man muss einerseits über eigene Befindlichkeiten und Ansichten reden, andererseits auch zuhören.

Also: Am sichersten ist es, wenn Sie (mindestens am Anfang) Ihre „Klappe“ halten!

Hören Sie, um was es überhaupt geht, wettern Sie nicht gleich dagegen („das siehst du völlig einseitig“), sonst würgen Sie das zarte Pflänzchen Meinungsaustausch gleich wieder ab. Wollen sie das?

Fragen Sie ruhig nach, wenn Sie etwas nicht wirklich verstanden haben. Vertrauen sie bloß nicht ihren Vermutungen, etwa nach dem Muster „ich weiß schon, was du meinst." Denn Sie sind kein Gedankenleser – also probieren sie es gar nicht erst.

Ein Gespräch ist ein Prozess, in dem beide Gesprächspartner immer mehr voneinander erfahren. Also muss man zuhören, auch wenn man viel zu sagen hätte. Es hilft nämlich, wenn ich Wort für Wort erfahre, um was es dir geht, was dich bewegt, warum wir diesen Konflikt überhaupt haben.

Jeder Mensch sieht die Welt durch seine Brille. Die andere Brille kennen wir aber noch gar nicht! Das ist so, als hätten Sie Sehprobleme und suchen einen Augenarzt auf. Der nimmt seine eigene Brille ab, setzt sie Ihnen auf und meint: „Die ist ganz fantastisch, man sieht besonders scharf damit."

Aber für Sie ist diese Sehhilfe ein Unding, denn Sie können damit überhaupt nichts scharf erkennen. Sie protestieren, und der Mann im weißen Kittel brüllt Sie an, Sie sollten sich nicht so pingelig anstellen und gefälligst dankbar sein für diese wundervolle Brille, die ihm schon sehr gute Dienste geleistet hat und darum auch Ihnen von Nutzen sein wird.

Was werden Sie tun? Sie rufen ein weißes Auto für den armen Mann oder verlassen diese Praxis verärgert und auf Nimmerwiedersehen.

Man hört zu, weil wir zwei Ohren (und nur einen Mund) haben und ein gutes Gespräch kein Zweikampf ist.

Zuhören bedeutet nicht automatisch zustimmen. Aber es hilft, eine Eskalation zu vermeiden, und es ist die Basis für etwas sehr Entscheidendes: Erst in einer gelösten und von Verständnis geprägten Atmosphäre sind Menschen überhaupt bereit, Zugeständnisse zu machen. Jemand, der angespannt ist oder sich gar bedroht fühlt, wird sich nur verteidigen und auf seinen Vorteil erpicht sein.

Man kann sogar mit eigenen Worten noch mal die Quintessenz des Gehörten wiederholen: „Ich habe gehört, dass für dich x und y (da nennen Sie natürlich Konkretes) wichtig ist. Sagst du mir, warum?" Und wieder bloß Zuhören, keine Gegenargumente ins Feld führen! Geduldig abwarten, in der Ruhe liegt die Überzeugungskraft!

Wenn Sie wissen, um was es dem anderen Menschen geht, dann schlägt Ihre große Stunde: „Ich habe Dir zugehört, jetzt schildere ich Dir meine Sichtweise."

Enden können Sie mit der wundervollen Frage: „Was machen wir nun? Wie gehen wir mit der Unterschiedlichkeit um?"

Voraussetzung ist natürlich, dass auch Sie sich prinzipiell überzeugen lassen wollen! Wir reden hier nicht über Gespräche mit Dreijährigen, sondern Kindern ab etwa 14 Jahren.

Der berühmte Ehetherapeut John Gottman hat in etlichen Untersuchungen und Messungen bei Ehepaaren erkannt: Die meisten Konflikte sind nicht lösbar, weil sie durch unterschiedliche Persönlichkeitszüge oder Wertesystemen der Beteiligten ausgelöst und am Leben erhalten werden. Man verschwendet nur seine Zeit und gefährdet seine Ehe, wenn man über solche Unterschiede streitet.

Aber was ist dann zu tun?

Die Unterschiede akzeptieren und sich überlegen, wie man am besten damit umgeht: Ein Modus Vivendi muss her, und ganz ohne persönliche Opfer geht es dabei nicht ab: Will man sich durchsetzen (um jeden Preis?) – oder will man die Beziehung erhalten? Es ist nämlich verdammt schwierig, einen Keks zu essen und gleichzeitig aufzubewahren. Man muss wissen, was man will.

Was für Paare gilt, ist auch für andere Gespräche hilfreich. Es sei denn, die Beziehung ist einem schnuppe.

Doch dann ist einem auch der Mensch an sich egal, und das merkt der andere.

Wie wird er sich fühlen?

Höchstwahrscheinlich „schnuppig", also unwichtig. Das baut natürlich kein Selbstwertgefühl auf, sondern zersetzt es. Das kränkt, tut weh – man möchte sich wehren, wird trotzig und angriffslustig.

Natürlich reicht nicht ein einziges missglücktes Gespräch aus, um eine solche Entwicklung auszulösen. Ein Regenschauer versaut ja auch nicht den ganzen Sommer. Aber häufige Schauer verdrießen schon und prägen allmählich den Eindruck einer verregneten Jahreszeit. Und wenn das alles auch noch in Spanien passiert, wo Sie doch tolles Wetter erwartet haben, dann sind sie besonders enttäuscht. Und Ihr Kind erwartet gerade von Ihnen besonders viel Sonnenschein, also Verständnis und Anerkennung.

Verständnis heißt nicht, alles gut zu finden, was Ihr Kind so treibt, sondern damit ist eine respektvolle Art des Umgangs gemeint: Deine Sichtweise ist okay, aber darum muss ich sie nicht teilen. Aber ich fege sie nicht einfach vom Tisch! Ich bin nicht der cholerische Chef, der mit der Faust auf den Tisch haut und bestimmt.

Wenn wir feste Überzeugungen haben und uns innerlich sagen „da muss mir mein Gegenüber erst mal das Gegenteil beweisen", dann können wir Gespräche getrost vergessen.

Schon der Name ist Programm: *Stand*punkt. Da steht man fest auf einem Punkt. Warum um alles in der Welt wollen wir noch reden, wenn doch schon alles feststeht, wenn die Ansichten verteilt sind und Bewegungen der Standpunkte nicht vorgesehen sind?

Haben Sie sich mal gefragt, warum der andere gerade das tun sollte, was Sie möchten? Und meistens tut er es ja auch nicht, sondern verteidigt seine Sicht der Dinge, seinen Standpunkt.

Zwei feste Standpunkte führen nicht zu einem Gespräch, sondern bewirken einen verbalen Schlagabtausch. Im schlimmsten Fall gibt es einen Gewinner und dann natürlich auch einen Verlierer. Der Verlierer gibt aber nicht klein bei, sondern sinnt auf Rache. Er mausert sich vom Gesprächspartner zum verärgerten Gegner.

In einem guten Gespräch versucht man, den Standpunkt des anderen zu verstehen: Warum ist diese Meinung für x so wichtig? Was verbindet er oder sie damit?

An vielen Wünschen und Ansichten klebt eine Menge Persönliches, vielleicht ein eigenes Wertesystem, eine Hoffnung, eine Angst. Sie bedeuten einem viel. Für Jugendliche ist es zum Beispiel für ihr Ansehen in der Gruppe bedeutungsvoll, wann sie abends zu Hause sein müssen. Vermutlich werden Sie es nicht so toll finden, wenn Ihr Sprössling innerhalb der Woche bis Mitternacht auf der Piste rumlungern will. Also möchten Sie eine Anordnung treffen oder ihn von Ihrer Ansicht überzeugen. Das ist legitim, aber nicht besonders geschickt.

Cleverer ist es, sich erst mal die Argumente des Nachwuchses anzuhören, um seine Motive zu verstehen. Das bedeutet noch lange nicht, mit seinem Wunsch einverstanden zu sein. Aber Menschen verändern ihre Ansichten erst dann, wenn sie Wertschätzung und Interesse erfahren haben, wenn der Faktor A ins Spiel kommt: A wie Anerkennung, wie Achtung, wie Akzeptanz. Mit dem Faktor A befriedigen Sie die Sehnsucht jedes Menschen, nämlich sich angenommen und wertgeschätzt zu fühlen. Und wenn Sie diese Sehnsucht befriedigen, verläuft ihre Kommunikation in guten Bahnen. Anerkennung ist so etwas wie das wichtigste Vitamin für die

Seele. Wir alle benötigen es, und zwar in ziemlich hohen Dosen. Und da es sich, ähnlich wie das Vitamin C, immer wieder verbraucht, muss es auch immer wieder neu zugeführt werden.

In Gesprächen geht es überwiegend um Gefühle und nicht so sehr um die Sache an sich. Darum geht es meistens schief, wenn wir mit immer besseren Argumenten unseren „Gegner" überzeugen wollen. Wir fordern ihn damit nur heraus, seinen eigenen Standpunkt ebenfalls mit guten Argumenten zu festigen.

In einem Gespräch achten Sie meistens auf die Worte, doch auch die Körpersprache spielt eine große Rolle, nämlich der Tonfall der Worte, die Gestik und die Mimik. Meistens verraten wir unsere wahren Gefühle und tatsächlichen Absichten durch körperliche Signale. Und diese Signale werden von unserem Gesprächspartner sehr genau und sehr intuitiv registriert und interpretiert. Darum laufen Unterhaltungen aus dem Ruder, wenn Sie sich verstellen, beispielsweise jemanden nicht leiden mögen und dennoch freundlich tun. Schon bei der Begrüßung halten Sie viel Abstand, Augenkontakt wird selten sein, ihre Fußspitzen weisen nicht zum anderen, sondern in die Gegenrichtung. Und das provoziert unbewusst und automatisch entsprechende Stimmungen.

Ist Ihnen schon mal aufgefallen, warum Menschen meckern oder laut werden?

Mag sein, dass sie angespannt sind oder einen schlechten Tag haben. Wahrscheinlicher aber steckt ein nicht ausgesprochener Wunsch dahinter, denn man ist über ein Verhalten sauer, wenn man gern etwas anderes hätte.

„Warum kommst du wieder so spät?" heißt es. Da wird jemand ausgefragt. Und nicht jeder kann das ab!

Hinter dieser Frage verbirgt sich jedoch ein Wunsch,

eventuell auch eine Angst. Wie hört es sich an, wenn gesagt wird: „Du kommst spät, ich möchte gern, dass du um 11 zu Hause bist." Oder: „Du kommst spät, ich habe mir Sorgen gemacht. Ich möchte gern, dass du mich anrufst, wenn es später wird."

Ich bin davon überzeugt: Hinter jedem (!) Vorwurf steckt ein Wunsch. Wenn man Ihnen einen Vorwurf um die Ohren haut, dann werden Sie automatisch am liebsten mit einem Gegenvorwurf antworten, und dann droht Eskalation. Wie wäre es, wenn Sie stattdessen den verborgenen Wunsch ansprechen?

Beispiel: „Ewig hackt ihr auf meiner Freundin rum!"

Der verborgene Wunsch?

Vielleicht: „Du möchtest, dass ich den Mund halte?"

Oder: „Du wünscht die ein anderes Verhalten von mir?"

Solange die Stimmung einigermaßen entspannt ist, werden Ihre Worte und Wünsche viel besser gehört und bedacht. Der Widerstand beim anderen Menschen bleibt gering. Wollen sie dagegen die Argumente Ihres „Gegners" zerfleddern und sich selbst unbedingt durchsetzen, dann provozieren Sie eine geballte Ladung Widerstand. Sie lösen beim Empfänger Stress aus – und im Stress kümmert sich jeder Mensch überwiegend um sich selbst und reagiert ichbezogen. Darum ist eine Massenpanik (Stress für alle) so gefährlich. Das wissen wir nicht erst seit der Love-Parade in Duisburg.

Zuhören, das Gehörte mit eigenen Worten wiederholen, Wünsche äußern – das sind keine Signale des Einknickens, sondern Gesprächsförderer für den Faktor A. Erst in entspannter Atmosphäre machen Menschen Zugeständnisse oder bemühen sich um Kompromisse.

Und wenn Sie das beherzigen und in Gesprächen anwenden, sind Sie auch noch ein tolles Vorbild, ein Modell für gute Kommunikation.

Was wollen Sie mehr?

Alles für den Tag X
Wie kann ich Kontakt aufnehmen?

Ich kann nur hoffen, dass die Kinder
die Dummheiten der Erwachsenen überwinden.
Astrid Lindgren, Süddeutsche Zeitung, 1997

Jetzt wird es gefährlich, denn die Kontaktaufnahme nach der Trennung ist die heikelste Situation im Prozess der erwünschten Annäherung. In der Art, wie Sie (!) diesen Kontakt gestalten, bestimmen Sie über die Zukunft der Eltern-Kind-Beziehung!

Das hört sich verdammt dramatisch an, aber es ist tatsächlich so.

Ich möchte Sie nicht ängstigen, sondern sensibilisieren für die ersten Zeilen oder ersten Worte nach Wochen, Monaten oder gar Jahren der Trennung. Denn da werden Weichen gestellt, Weichen für später, möglicherweise für immer.

Die Situation ist zu wichtig, als dass Sie einfach da reintaumeln sollten. Auch der lässige Hinweis, man werde schon sehen, wie sich alles entfalte, ist hier völlig fehl am Platz.

Ich kann Ihnen nur empfehlen: Bereiten Sie den Kontakt vor, denn es kommt nicht, wie es kommen soll, sondern es läuft so, wie Sie es einfädeln.

Noch einmal zur Erinnerung: Ihr Kind hat sich nicht abgewandt, weil es Sie hasst (es sei denn, es ist Missbrauch oder Brutalität vorgefallen, aber dann würden Sie wahrscheinlich nicht dieses Buch lesen), sondern weil es sich nicht anders zu helfen wusste. Die Abwendung ist eine Art seelischer Notwehr, die in räumlicher Distanzierung ausgetragen wird.

Sie können jetzt einwenden, man hätte doch über alles

reden können, und Sie haben im Prinzip recht. Nur hat Ihr Kind nicht den Mut zum Gespräch gehabt oder das Vertrauen in die klärende Kraft der Worte verloren.

Aus seiner Sicht liegen also sehr triftige Gründe für den Weggang vor!!!

Aus Ihrer Sicht wahrscheinlich nicht.

Und das ist das Problem!

Sie haben Kummer und Angst durchlitten, sich mit Selbstvorwürfen gequält, mit dem Menschen an Ihrer Seite heftige Diskussionen geführt – und nun empfehle ich Ihnen auch noch, „Kratzfüßchen" zu machen und um gut Wetter zu bitten!

Das ist schon eine Zumutung.

Aber eine notwendige.

Für einen Bericht im Rundfunk habe ich mit vielen betroffenen Kindern gesprochen. Übereinstimmend fanden sie alle, ihre Eltern hätten Mist gebaut – und müssten darum auch den ersten Schritt auf die Kinder hin tun.

Ich unterschreibe nicht, dass stets die Eltern die Probleme verursacht haben, beuge mich aber, was den ersten Schritt angeht, der Macht des Faktischen, also der Meinung der Kinder.

Zwar fühlen sich die geflüchteten Kinder nicht wohl, doch Sie als Vater oder Mutter leiden wie ein Hund, und können die Trennung nur sehr schwer aushalten.

Der Leidensdruck ist meistens ungleich verteilt.

Die Kinder haben sich auch mit dem Faktor Jungsein verbündet. Sie haben die Kraft, in ihr eigenes Leben zu gehen, sich ihre eigene Zukunft aufzubauen, und sie spüren diese Energie. Streng genommen bedürfen sie nicht mehr der Eltern. Das macht diese jungen Menschen stark und lässt sie (scheinbar) wie auf einem hohem Ross sitzen.

Die Kraft- und Machtverhältnisse sind tatsächlich unterschiedlich.

Dazu kommt noch der Stolz, etwas „Großes" geschafft zu haben, nämlich weggegangen zu sein. Etwas, das sie sich früher nicht zugetraut haben, das haben sie tatsächlich geschafft. Und das gibt man nicht gleich wieder auf!!!

Und warum sollte man es überhaupt aufgeben???

An diesem Punkt erwidern Eltern gern: Aber wir sind doch eine Familie, wir gehören zusammen, wir müssen uns doch unterstützen.

Ja, das stimmt, doch es ist nur die Theorie. Ihr Kind denkt nämlich: Familie – das ist, wenn man sich gut versteht, aufeinander hört, die unterschiedlichen Wünsche achtet und sich Freiheiten lässt. Und genau da hat bei uns viel gefehlt! Darum bin ich ja weg!

Natürlich sehen Kinder ihr Schicksal einseitig und nur durch ihre subjektive Brille, doch das Gefühl, nicht „richtig" behandelt worden zu sein, das hat sich eingeschlichen und eingenistet. Und dieses Gefühl ist auch nach Jahren nicht verschwunden, sondern kommt schnell wieder hoch, wenn ein Brief von Ihnen eintrifft: „Aha, jetzt betteln die Alten, jetzt brauchen Sie etwas. Aber als ich damals etwas wollte, da waren sie taub!"

Das Kind hat aus seiner Sicht etwas erlebt, was Sie möglicherweise noch gar nicht verstehen, geschweige denn nachvollziehen können.

Vielleicht hat Ihr Kind im Verlauf der partnerschaftlichen modernen Erziehung die Erfahrung gemacht, es sei der Mittelpunkt der Welt – und dann erwarten Sie allen Ernstes, Ihr Kind würde den ersten Schritt auf Sie zu machen?

Schicken Sie diesen Glauben in Rente!

In der Regel müssen Sie als Eltern auf Ihr Kind zugehen.

Schlussfolgern Sie daraus nicht, Ihr Kind habe kein

Interesse an Ihnen. Selbst wenn der Nachwuchs stock-sauer auf Sie ist, hat er doch Gefühle für Sie. Man begegnet Ihnen nicht gleichgültig, sondern emotional, sogar hochemotional.

Eine kleine Auswahl der Gefühle: Ich fühle mich nicht geachtet, fühle mich unterdrückt, übergangen, zurückgesetzt, ausgenutzt, klein gehalten, kontrolliert. Das hat mich geängstigt, ärgerte mich, machte mich wütend. Ich habe genug davon!

Sie selbst sind in der Kontaktaufnahme auch angespannt, nervös und fürchten das Scheitern aller Bemühungen. Und ein Fehlschlag würde auch bedeuten, dass so viel Trennendes zwischen den „Parteien" steht, dass es vielleicht niemals harmonischer werden kann.

Insgesamt ist das eine Situation, in der unterschiedliche, auf jeden Fall aber „heiße" Gefühle beteiligt sind, die die Nerven blank liegen lassen. Und heiße Emotionen entzünden sich leicht.

Angespannte Menschen überprüfen permanent das, was sich um sie herum ereignet, und werten es blitzschnell hinsichtlich möglicher Folgen und Bedrohungen aus. Ist der andere Mensch uns freundlich gesonnen oder ist er gefährlich? Spiegelnervenzellen in unserem Gehirn registrieren in Windeseile, teilweise in 40 Millisekunden, Gestik, Mimik und Worte samt Tonfall des Gegenübers und schließen daraus auf Gefühle und Absichten des Gegenübers.

Doch bei Angst und Stress lässt die Leistung dieser Spiegelnervenzellen spürbar nach. Mit anderen Worten: Unter Druck und Angst kann man sich nicht mehr gut einfühlen, und man reagiert ruppiger. Man denkt nur noch an sich selbst, sein eigenes Überleben, und der andere Mensch wird immer unwichtiger.

Behutsamkeit ist also wichtig für den Kontakt.

Das Aussprechen von Appellen („du musst doch einsehen", „warum tust du uns das an?") oder gar das Ansprechen der Schuldfrage erzeugen weiteren und noch größeren Druck, die Situation wird noch emotionaler und dadurch unberechenbarer – aber muss das sein? Also üben Sie sich in weiser Zurückhaltung!

Hinterherlaufen?

Aus vielen Gesprächen weiß ich, wie schwer der erste Schritt zur Kontaktaufnahme ist. Darum halte ich mich bei diesem Punkt noch ein wenig auf.

Frau Z protestiert: „Soll ich meinem Kind dauernd hinterherlaufen und um Kontakte betteln? Muss ich mich klein machen, alle „Schuld" nur bei mir suchen? Ist mein Kind ein Unschuldsengel?"

„Wer ohne Schuld ist, der werfe den ersten Stein", meint die Bibel. Aber hier geht es nicht um Steine, sondern eine ziemlich verfahrene Situation. Erwachsene Kinder können auch ohne Eltern leben – Eltern ohne Kontakt zu ihren Kindern können höchstens mehr schlecht als recht überleben.

Mit sehr großer Wahrscheinlichkeit werden Sie darum den Kontakt zu ihrem Kind suchen, und in den meisten Fällen wartet ihr Kind insgeheim auch auf Ihr Kontaktangebot.

Jetzt können Sie natürlich bockig sagen: Warum soll gerade ich diesen ersten Schritt tun?

Aus einem ganz einfachen Grund: Ihnen bricht das Herz, und darum können und sollten sie sich überwinden. Letztlich ist auch die Frage, wer den Kontakt gesucht hat, nicht die entscheidende, sondern wichtig ist, dass der Kontakt überhaupt passiert.

Und genauso wichtig ist, dass er erfolgreich ist, also zu weiteren Folgekontakten führt. Vergessen Sie den Gedanken, eine einzige Kontaktaufnahme würde alle Probleme aus der Welt schaffen. Das ist garantiert nicht der Fall, sondern hier geht es um den Beginn eines Prozesses, in dem sich erwachsene Menschen austauschen, zu verstehen suchen und ihre Beziehung auf eine andere, neue Basis stellen wollen. Es wird nämlich nie wieder so wie früher sein!!!

Das heißt nicht, dass es schlechter werden muss. Aber die Beziehung wird anders sein, im günstigsten Fall respektvoller und ehrlicher.

Wann kontakten?

Möglichst bald – doch nicht zu früh.

Damit will ich mich nicht rausreden, sondern den von Ihnen zu leistenden Spagat andeuten.

Schieben Sie Ihr Kontaktangebot vor sich her, interpretiert Ihr Kind das als Zustimmung zur Trennung: Die Eltern haben kein weiteres Interesse. Die zuerst räumliche Abwendung wächst sich zu einer inneren Abkehr aus. Darum nicht erst Monate warten!

Beachten Sie den Faktor Zeit!

Mir wurde berichtet, dass ein Vater seine kränkelnde Frau schonen wollte, und ihr aus diesem Grund von dem Brief des Sohnes erst nach vier Wochen berichtete. Als das Paar dem Sohn zurückschrieb, war es schon zu spät: Enttäuscht und entsprechend verärgert hatte der sich völlig zurückgezogen.

Im Kind sind Frust und Ärger entstanden. Es fühlte sich nicht richtig verstanden, zu Unrecht zurückgesetzt, zu wenig beachtetet oder ihm fehlte die Luft zum Atmen.

Solche Gefühle verschwinden nicht mit der Zeit, sondern sie wachsen weiter, breiten sich wie ein Tumor in der Seele und der Erinnerung aus und überfluten das Kind. Es kann dann immer weniger die zwei Seiten einer Medaille erkennen, sondern sieht immer mehr nur die eine, nämlich die eigene, die unschuldige.

Und dadurch wird die Chance für ein Reden über die Spannungen immer schlechter.

Nach einiger Zeit, und die ist individuell verschieden, machen Kinder zu und wollen nur noch ihre Ruhe haben. Es erscheint ihnen sinnlos, über das Problem zu reden. Wenn die Eltern so lange geschwiegen haben, dann wollen sie eben nicht, dann sehen sie nichts ein, dann bringt ein Kontakt auch nichts Neues, Entwicklung ist nicht erkennbar – jedenfalls nicht aus diesem Blickwinkel.

Dann ist er da, der gefürchtete Kontaktabbruch.

Und dann bleibt er auch!

Solange Sie voller Vorwurf oder ärgerlich sind, werden Sie Ihr Kind maßregeln wollen – aber gerade das versuchte das Kind durch seinen Weggang zu verhindern.

Es ist gut, wenn Sie einen großen Schritt weiter sind, wenn Sie nicht nur grübeln, sondern sich konstruktive Gedanken gemacht haben, wenn Sie als Vater oder Mutter mehr über die Hintergründe dieser Trennung nicht nur wissen, sondern daraus auch Schlussfolgerungen für Ihr weiteres Verhalten gezogen haben. Dann ist es nicht mehr zu früh.

Von Ihren Kindern sollten Sie (noch) nichts erwarten. Die Kinder gehen nämlich von einer Bringeschuld von Ihnen aus. Also sollten Sie etwas bringen, nämlich Einsicht und Verständnis, und den Kindern dadurch entgegenkommen.

Denn die Situation kann sich nur dann verbessern, wenn ihr Kind erfährt, dass sie manche Verhaltensweisen von sich und einige Prinzipien ihrer Erziehung heute anders sehen, infrage stellen und vielleicht sogar bereuen.

Schreiben oder anrufen?

Ein Anruf ist sehr direkt, kann in einem ungünstigen Moment erfolgen, der andere muss spontan etwas sagen, und all das kann das Kind unter Druck setzen. Die Gefahr: Der Druck erzeugt Gegendruck und die Worte schaukeln sich hoch.

Vielleicht noch schlimmer, weil enttäuschender: Ihr Sohn oder Ihre Tochter legen gleich zu Beginn des Gespräches auf.

Überlegen Sie, ob ein Briefkontakt nicht weniger stressig ist. Sie selbst können Ihre Worte in Ruhe überlegen und verändern, der Angeschriebene kann die Zeilen im verborgenen Kämmerlein lesen, auf sich wirken lassen und reagieren, wenn ihm danach ist. Der Druck ist geringer. Aber es ist möglich, dass Sie keine Antwort bekommen! Das schmerzt erneut, muss aber keine Katastrophe sein, denn möglicherweise möchte Ihr Kind erfahren, wie ernst es Ihnen mit dem Kontakt ist. Und wenn uns etwas wichtig ist, dann unternehmen wir mehrmals Anstrengungen. Kinder sehen das auch so und warten auf ein zweites Signal.

Vergessen Sie Bemerkungen, die nur Öl ins emotionale Feuer gießen, beispielsweise: „Aber du bist doch mein Sohn", „es wäre schön, wenn wir uns wieder vertragen könnten", „schließlich sind wir doch eine Familie", oder, ganz besonders schlimm „deine Mutter ist vor lauter Kummer schon krank geworden".

Zu dem Hinweis „du bist doch mein Sohn", den eine Mutter in den Brieftext hat einfließen lassen, meinte dieser Sohn zu mir: „Das hätte sie sich früher überlegen sollen." In ihm wühlten noch Ärger und Enttäuschung, und darum erlebte er diesen Satz als Bevormundung, als Druck, als Erpressung.

Viele Eltern vermuten, dass emotionale Appelle bei ihren Kindern Gefühle der Reue und des Mitgefühls auslösen würden und die Kinder umstimmen könnte, beispielsweise: „Vor Kummer bin ich schon ganz krank geworden", oder: „Dein Vater macht sich solche Sorgen", vielleicht auch: „Wenigstens an meinem Geburtstag könntest du uns mal besuchen, schließlich sind wir immer noch verwandt."

Aber das Gegenteil ist der Fall, denn, wie immer im Leben, erzeugt Druck lediglich Gegendruck. Die Situation verschärft sich. Und genau das sollten Sie vermeiden, denn bei Ihren Kindern gibt es so etwas wie einen psychologischen Schalter, und wenn der umgelegt wird, herrscht Kurzschluss, und alle weiteren Briefe werden zurückgehen und Telefonanrufe werden nicht beantwortet werden. Dann herrscht wirklich Funkstille!

Die Kontaktaufnahme nach einer Zeit der Trennung ist eine heikle Situation, bei der es auf Messers Schneide steht, wie es weitergehen wird.

Mein Kind will keinen Kontakt – darf ich trotzdem am Geburtstag reagieren?

Aber natürlich! Ihr Kind ist kein Diktator, und Sie sind nicht Lakaien Ihres Nachwuchses.

Sie sollten sich einen Gruß nicht verbieten lassen. Doch es ist sicherlich sinnvoll, sich Gedanken über das beabsichtigte Ziel zu machen.

Ein Anruf wäre wieder sehr direkt, möglicherweise zu viel. Ein kurzer Gruß per Karte oder E-Mail dezenter, nicht so aufdrängend.

Wieder gilt: Appelle an das kindliche Gewissen machen viel kaputt. Ehrliche Einsicht in die eigene Unvollkommenheit dagegen weckt Hoffnungen: Die Eltern könnten etwas verstanden haben, und der Kontakt könnte nun anders verlaufen.

Ein Beispiel:

Liebe Manuela, zu Deinem Geburtstag alles Gute und die allerbesten Wünsche für Dich.

P.S. Wir haben in letzter Zeit viel darüber nachgedacht, was wir nicht so gut gemacht haben. Wir vermuten, dass wir Dich, Deine Bedürfnisse und Deine Gefühle in einigen wichtigen Situationen nicht ernst genug genommen haben (z. B. damals in dem Streit mit Deinem Lehrer). Als Renate muss ich mir eingestehen, dass ich manchmal zu unbeherrscht und dominierend war. Als Gert und Vater muss ich mir ankreiden, Deine schulischen Leistungen vielleicht zu sehr in den Mittelpunkt gerückt zu haben. So kam es auch zu einer Reihe unbedachter Aktionen und Schritte von uns, die uns heute sehr leid tun. Leider ist man meistens erst hinterher schlauer!

Deine Eltern

Ein Geburtstagsgruß soll ausdrücken: Du kommst in meinen Gedanken vor, ich habe dich nicht vergessen, ich wünsche Dir viel, viel Gutes – und: Du bleibst mein Kind!

Weitere Wünsche könnten schon zu viel sein, zu fordernd wirken. Widerstehen Sie der Versuchung, an einem solchen Tag Ihre Wünsche für die Beziehung oder mehr auszudrücken. Das würde nach Egoismus riechen, und Sie würden den Tag für Ihre Absichten missbrauchen. Am Geburtstag wünsche ich dem anderen etwas, nicht mir.

Wohlgemerkt: Wir sprechen hier von einem kurzen Gruß!

Wenn Ihr Kind keinen Kontakt will, so haben Sie das selbstverständlich zu respektieren. Wie soll Ihr Kind sonst spüren, dass Sie es ernst nehmen?

Wenn Ihr Kind den Kontakt partout nicht will, dann heißt das übersetzt: Rückt mir nicht auf die Pelle, attackiert mich nicht mit Telefonaten, Briefen und Besuchen, setzt mich nicht unter Druck.

Geburtstagsgruß und „richtiger" Kontakt mit erwünschtem Meinungsaustausch sind zwei Paar Schuhe. Es geht um einen Kontakt zwischen Erwachsenen, und da sind Respekt und Achtung vor den Wünschen eines anderen Menschen angebracht. Sonst werden Sie als übergriffig und zu stark erlebt und provozieren weitere und noch härtere Abgrenzungsbemühungen.

Was kann oder soll ich sagen oder schreiben?
Ihr Kind hat sich von Ihnen distanziert, vielleicht sogar den Kontakt abgebrochen. Die Heftigkeit dieses Verhaltens können sie nicht nachvollziehen, finden es provozierend und halten es für nicht angemessen.
Natürlich reizt es, auf die Provokation zu reagieren. Doch damit tun Sie weder sich noch Ihrem Nachwuchs einen guten Dienst, denn mit Sicherheit lösen Sie dann etwa folgende Gedanken aus: Mein Vater, meine Mutter hat immer noch nicht verstanden, um was es mir geht. Stattdessen wollen sie mich kleinkriegen, mich einschüchtern. Na warte! Ich mach mich doch nicht klein vor denen! Die können mich mal! Aber kreuzweise!
Flehen, betteln, an Verpflichtungen erinnern – vergessen Sie's! Es bringt nichts.
Ihr Kind lässt sich nicht „einfangen", sondern nur überzeugen, indem es Sie anders als früher erlebt, also mit neuen Gedanken und wenigstens Ansätzen von anderem Verhalten, und daraus Hoffnung für zukünftige Kontakte schöpft.

Der Sandkasten-Treff.
Häufig beschweren sich Eltern über die von den Kindern immer wieder vorgeschlagenen Treffs am Sandkasten auf einem Spielplatz. Sie lehnen diesen Ort ab. Ehrlich gesagt: Ich verstehe das nicht und finde das sehr

schade. Da werden Chancen ausgeschlagen!!! Warum bloß?

Eltern dürfen nicht vergessen: Die Kinder sitzen am längeren Hebel, weil die Kinder in den besten Jahren sind und ihre Eltern nicht mehr wirklich brauchen – so ist das in der Natur. Die Kinder können darum die Spielregeln setzen – Eltern nur noch reagieren. Moralische Bewertungen spielen bei solchen „Macht"- Prozessen keine Rolle.

Interessanterweise beschrieben etliche dieser Beschwerdeeltern eine typische Konstellation: Früher führten sie eine „sehr nahe Beziehung", es fehlte das Türenknallen, das Ringen um Standpunkte und Meinungen.

In dem Moment, in dem Eltern später Bedingungen stellen, die den Kindern nicht passen, wissen die Kinder sich nicht angemessen (!!!!) zu wehren, sondern verschwinden, um sich den Abstand zu holen. Einen „guten" Abstand schaffen die Kinder (noch) nicht. Darum wählen sie bei späterer Kontaktaufnahme so oft einen „neutralen" Ort. Wenn, wie im geschilderten Fall, der Spielplatz als neutraler Ort nicht akzeptiert wird, dann wird eine neue Entfremdungsphase beginnen, das Kind geht erneut, fühlt sich nicht verstanden.

„Spielplatz" ist auch ein Synonym für „Kindheit", für „früher", „unbeschwert", „Raum ohne Regeln". Da experimentiert man, nimmt alles mal nicht so ernst. Könnte sich also dahinter nicht mehr als nur ein sandiger Ort verbergen, nämlich der Wunsch, über früher, und da gab es doch auch gute Zeiten, nur mal zu quatschen, locker zu sein, sich auszuprobieren und sich anzunähern?

Was ist daran „entwürdigend"?

Eine andere Mutter berichtete mir, ihre Tochter habe ihr angeboten, man könne sich doch vielleicht dreimal im Jahr sehen – die Mutter lehnte das mit der Bewertung

„entwürdigend" ab, weil es ihr zu wenig war. Dreimal ist verdammt wenig – doch vielleicht viel besser als kein Mal!!! Wenn man auf die Spitze des Baumes will, muss man Ast für Ast hochklettern, man kann nicht an der Krone starten – es sei denn, man hat einen Hubschrauber.

„Würde": Das heißt zuerst, den Wert eines anderen Menschen, seine Eigenarten, zu würdigen, zu akzeptieren. Jeder Versicherungsvertreter muss seinen Kunden würdigen, also auf ihn eingehen, seine Wünsche und Ängste berücksichtigen und ihm dann ein passendes Angebot machen.

Verzeihung: Eltern und Versicherung – klar, dieser Vergleich lahmt gewaltig, aber das Prinzip der Kontaktaufnahme ist ähnlich.

Es geht nicht um Fairness, Schuld oder Ähnliches. Es geht um Neuanfang, ums Werben für den Kontakt, um Chancen. Über Chancen freue ich mich, ich bewerte sie nicht!!!

Man muss es probieren!

Klar, es geht auch bei Eltern um verletzte Gefühle. Darüber sich mit anderen auszutauschen ist enorm wichtig, um nicht zu ersticken!!! Darum ist die Selbsthilfegruppe ja so wichtig. Die Kinder sehen aber nicht, wie sie die Eltern und Geschwister verletzt haben, sondern nur, was sie selbst erlebt haben, was aus ihrer Sicht nicht ok war. Erwarten Sie am Anfang eines Annäherungsprozesses kein Verstehen.

Darum steht die Kontaktaufnahme nach Trennung unter ganz bestimmten Vorzeichen: Erstmal den Augenblick genießen: Du bist da! Du willst mich nicht aussortieren, du möchtest etwas verändern, verbessern. Schön!

Hinter all solchen Bedingungen verbirgt sich letztlich der Wunsch nach Kontakt, und zwar (erstmal) ohne ernste Gespräche oder gar Abrechnungen. Was ist daran schlimm? Nutzen Sie die ausgestreckte Hand! Jede Reise beginnt mit einem ersten Schritt.

Können Sie mir da zustimmen?

Also: Klein anfangen – aber anfangen! Und erleben, was da wachsen und gedeihen kann. Vielleicht führt das zu einer Aussprache – aber erst später! Die Aussprache ist nicht das Wichtigste, sondern der Kontakt.

Sehr oft können die Kinder nicht erklären, warum sie gegangen sind, und sie fürchten sich vor Fragen nach den Gründen. Über die damaligen Gründe zu sprechen ist nicht ganz ungefährlich: Zu leicht gibt es Anschuldigungen und Vorwürfe, und das Gespräch läuft dann aus dem Ruder. Starten Sie lieber neu, lassen Sie das Geschehene ohne Fragen nach dem Warum Vergangenheit sein.

Ihre Kinder haben sich nicht abgewandt, weil sie keine Liebe mehr empfinden, sondern weil sie mehr Raum, mehr eigenes Leben oder mehr Herausforderungen gesucht haben. Aber das in Worte zu fassen ist schwer – und für manche gar nicht möglich.

Lernen Sie aus Kontakten, damit die Beziehung immer besser wird. Fragen Sie, wie Ihr Kind den Kontakt erlebt hat, und was es sich für ein weiteres Treffen vorstellen könnte. Aber das setzt voraus, dass Sie Kritik ertragen können, vielleicht sogar als hilfreich erleben.

Wenn Sie meinen, ich wäre zu sehr auf der Seite der Kinder, dann klappen sie dieses Buch ruhig zu, mit lautem Knall und heftigem Zorn! Das tut gut. Nicht mir – aber Ihnen!

Und dann haben Sie das getan, was Ihr Kind mit Ihnen veranstaltet hat: Sie waren so enttäuscht, entrüstet oder verärgert, hatten die Nase so voll, dass Sie den Kontakt abgebrochen haben. Das Rabattmarkenbuch war voll – Zahltag. Ende im Gelände! Zu das Buch!

Können Sie nun Ihr Kind etwas besser verstehen? Es hat letztlich verdammt menschlich reagiert. Und gleichzeitig schrecklich unmenschlich. Bevor Sie an diesen Zeilen irrewerden, möchte ich den Widerspruch aufdröseln. Menschlich: Weil wir immer wieder Enttäuschungen erleben, und die verwandeln sich auf hirnhormonelle Weise in Wut: Was länge gärt, wird schließlich Wut. Das ist so, ob es Ihnen gefällt oder nicht. Das Gehirn ist stärker!

Unmenschlich: weil Sie und Ihr Nachwuchs eine saftige Auseinandersetzung verdient hätten. Ein Psychogewitter reinigt nämlich die Beziehung. Allerdings nicht immer, das muss ich zugeben. Man muss nämlich auch wissen, wie es geht, damit nicht der Blitz einschlägt. Dazu mehr im Kapitel Konfliktgespräch.

In einer Selbsthilfegruppe meinte eine Mutter, die Kinder seien doch zum Kontakt mit ihren Eltern verpflichtet, und das aus ethischen, christlichen und juristischen Gründen. Das mag so sein, doch wer möchte schon Nähe, Verantwortung und Anteilnahme einklagen?

Entweder möchten die Kinder das freiwillig geben – oder es wird krampfig und unehrlich. Die Pflicht ist eben etwas ganz anderes als die Kür.

Und umgekehrt gilt: Die Kinder sehen es ähnlich. Aus ihrer Sicht sind die Eltern verpflichtet, zu verstehen. Wer gegen diese Erwartungen verstößt, der hat es aus Sicht der Kinder nicht besser verdient, der zählt nicht länger zu den geschätzten Eltern.

Der Super- Super- Gau
Wenn Kontaktversuche scheitern

> *„Nach meinem euklidischen Verstande*
> *weiß ich nur eines,*
> *dass nämlich Leiden existieren,*
> *ohne dass es Schuldige gibt. "*
> Dostojewski, Die Brüder Karamasow

Es gibt etwas, vor dem ich mich gern drücken würde, und das ist dieses Kapitel. Es hat nämlich zwei Inhalte, einen traurigen und einen hoffnungsvollen. Und ich weiß nicht, welche Perspektive Sie herauslesen werden. Möglicherweise werden Sie mich verdammen, vielleicht schließen sie mich aber auch in ihr Nachtgebet mit ein. Auf jeden Fall wird es ein hartes Kapitel.

Familie gibt es nicht nur auf dem Papier, sondern im Herzen. Sie ist das, was uns ärgert, erfreut oder zur Verzweiflung treibt. Sie ist Biologie und Psychologie, Hoffnung und Enttäuschung. Sie fordert Gefühle und provoziert Gefühle. Sie ist wie ein Schatz: Vererbbar, manchmal unauffindbar und dann wiederum verloren.

Als moderne Menschen gehen wir gern davon aus, alles ganz gut im Griff zu haben. Das gilt aber nicht für Spannungen innerhalb der Familie! Die führen ein heftiges Eigenleben.

Die Familie soll so etwas wie die Schwarzwaldklinik sein: Am Ende wird alles gut. Danach sehnen wir uns. Das riecht nach Kitsch, weil wir alle wissen, dass es im wahren Leben nicht immer so ausgeht, wie wir es gerne hätten. Auch Familientherapeuten und Psychologen vermögen das nicht immer zu ändern.

Es kann sein, dass Sie viel aus den Spannungen und der Distanzierung Ihres Kindes gelernt haben. Ein Neuanfang wäre möglich, doch das Kind sagt Nein. Die Dis-

tanzierung bleibt, Ihre Briefe werden weiterhin ungeöffnet zurückgeschickt und von Ihren Enkelkindern gibt
es höchstens Fotos.

Sie fürchten, in ihrem Kummer zu ertrinken, und ich
kann Ihnen leider nur einen Rettungsring zu werfen,
denn größere Rettungsboote sind nicht in Sicht ...
Doch manchmal hilft es, eine Situation besser zu verstehen, um sie nicht mehr sooo persönlich zu nehmen.

Lassen Sie uns ergründen, warum Ihr Kind den begon-
nenen Kontaktabbruch hartnäckig aufrechterhält:

- Manche Kinder sind so sehr enttäuscht, dass sie sich
an ihren Eltern rächen. Das passiert nicht geplant, sondern unbewusst als automatisch ablaufende seelische
Reaktion. Die Eltern sollen an eigener Seele erleben,
wie es ist, wenn man zu wenig Beachtung findet, oder
wenn die eigenen Wünsche übergangen werden. Das
Kind hat sich als Opfer gefühlt, und jetzt dreht es den
Spieß um: Die Eltern sollen in der Opferrolle gefangen
sein.

- Wenn die Kinder früher oft im Mittelpunkt gestanden
haben, wollen sie vielleicht auch als Erwachsene immer
noch diese Position einnehmen.

Was kann man als Kind tun, damit sich die Eltern fort-
während mit einem beschäftigen? Man tut etwas, was
die Eltern fassungslos macht und erschüttert: Es scho-
ckiert, wenn man das Weite sucht. Das wird die Familie
schon umhauen! Und das tut es ja auch.

Alle fragen sich, was da wohl passiert sein mag, beschäftigen sich mit den vermuteten Hintergründen und
bringen sich vor Sorgen und Ärger um den Schlaf. Und
warum, bitte schön, sollte der Nachwuchs die Hauptrol-
le in diesem Familiendrama aufgeben? Und er kann
sicher sein, dass Sie auch noch nach Beendigung aller
Kontaktversuche an ihn denken und sich weiterhin mit

Vorwürfen quälen werden.

- Es gibt junge Erwachsene, die zwischenmenschliche Nähe als bedrohlich erleben. Sie haben es versäumt, eine für sie gute Balance zwischen Abstand und Nähe herzustellen und anderen Menschen klar zu sagen: „Es ist mir zu dicht, ich brauche etwas mehr Distanz, lasst mich mal in Ruhe, lasst mich für mich sein."

Nähe bedeutet für sie Einengung, Anpassung und Gefangensein. Für solche Menschen geht es schnell um Alles oder Nichts, um totalen Abstand oder verschmelzenden Kontakt. Sie als Eltern sind sich sicher, ihr Kind nicht vereinnahmen zu wollen. Aber das Kind sieht das möglicherweise ganz anders.

- Ihr Kind ist gegangen, und Sie haben längere Zeit abgewartet, bevor Sie Kontaktsignale ausgesandt haben. Kann sein, dass Sie sich gesagt haben, alles würde sich wieder auswachsen, das Kinde habe nur überreagiert. Für Ihren Sohn oder Ihre Tochter könnte das zu lange gewesen sein, und inzwischen hat sich die Anschauung festgesetzt, dass es den Eltern völlig egal ist, ob man bleibt oder geht. Kein Hahn kräht nach einem, kein Elternteil schreit waidwund auf! Also ist man nicht wichtig. Das schmerzt, und um diesen Schmerz zu unterdrücken, entfernt man sich auch innerlich rasch von den Eltern. Die Kinder arrangieren sich mit „ohne Eltern".

Die meisten Eltern meinen es nicht ertragen zu können, dass nicht alles glatt und rund gelaufen ist. Die heile Familie steht hoch im Kurs und gibt allen Beteiligten ein gutes Gefühl. Die Scham, über das „verkorkste Familienleben" zu reden, ist riesig.

Warum eigentlich?

Vermutlich schleppen wir unrealistische Erwartungen mit uns herum, nämlich Idealbilder von der richtigen Erziehung und den guten Eltern. Und wehe, wenn wir unseren selbst gesetzten Ansprüchen nicht genügen! Dann überfallen uns Gewissenspein und Scham.

Mutterliebe ist ein hohes Ideal. Immer für das Kind da sein und sich selbst dabei übersehen – so soll es sein. Auf keinen Fall darf die gute Mutter an sich und ihre eigenen Bedürfnisse denken, denn das wäre egoistisch und damit verdammenswert. Nein, sie soll die Bedürfnisse ihres Kindes befriedigen.

Das ist wichtig und richtig, solange das Kind noch klein ist. Doch auch ein Zweijähriger kann durchaus einige Verrichtungen im Haushalt übernehmen, beispielsweise etwas zum Müll bringen oder etwas mit auffegen. Der Fernsehjournalist Dieter Zimmer beschreibt in seinem Buch „Für'n Groschen Brause" seinen Alltag als Kind in der DDR: Er hatte viel zu helfen, sich beim Einkauf in die lange Schlange einzureihen, Kohlen in den Keller zu schippen oder Altmetall zu sammeln. Und das war gut, denn so fühlte er sich als hilfreiches und wichtiges Mitglied in seiner Familie. Ohne ihn hätte es die Familie schwerer gehabt.

Wie wird sich dagegen ein Kind fühlen, dass vom „Taxi Mama" zum Sport, zur Nachhilfe und zum Kumpel gekarrt wird? Werden da nicht Herrschaftsgefühle geweckt? Dürfen wir uns da wundern, wenn solche Kinder später meinen, alle müssten ihnen zu Diensten sein? Geben und nehmen sind schlecht ausbalanciert, wenn Eltern zu viel für den Sprössling tun. Und manche Psychomenschen vermuten, es könnte sogar die immer früher auftretenden Depressionen fördern.

Wenn Eltern zu viel tun, sind sie keine schlechten Erzieher, sondern vielleicht nur unwissend. Sie vertrauten zu sehr der elterlichen Intuition, wonach Vater oder Mutter spüren, was mit ihrem Nachwuchs los ist. Das ist nicht ganz falsch, aber auch nicht immer richtig.

Mit anderen Worten: Gute Erziehung ist auch Glücksache! Man kann aber nicht immer Glück haben.

Aber man kann auf seine Gesundheit aufpassen.

Denn solche „kalten" Trennungen heizen der Seele und dem Organismus ein und bewirken eine Daueranspannung, einen Dauerstress.

Und irgendwann darf und muss es dann den Punkt geben, wo man sich mit der Situation arrangiert: Was nicht ist, ist nicht! Sie haben vieles versucht, aber wenn alles nichts bringt oder nicht angenommen wird, dann muss man notgedrungen loslassen und an sich denken, um nicht krank zu werden.

Auch das „Betteln" um Kontakt erscheint allmählich unwürdig, und man baut automatisch Widerstand auf, um sich selbst zu schützen.

„Ich will mich nicht mehr länger quälen und dabei weiter krank werden", sagt eine Mutter. „Ich will nicht mehr dauernd an meine Tochter denken müssen. Es ist pervers, jemanden zu lieben, der einen nur ablehnt. Es macht kaputt. Es muss auch mal Schluss damit sein."

Richtig!

Viele Krankheiten werden durch Stress begünstigt, ob man es will oder nicht, und die Trennung vom Kind stellt natürlich massiven Stress dar.

Auch darum möchte ich Sie noch einmal um eine Überlegung bitten:

Könnte es nicht gerade ein Zeichen elterlicher Liebe sein, wenn wir unsere Kinder wirklich und ehrlich loslassen und sie in ihrem Wesen und ihrem Tun annehmen: „Mir gefällt nicht, was du tust, dennoch bist du mein Kind und ich respektiere deinen Weg – und lasse dich los."

Schließlich haben Sie keinen Einfluss mehr. Doch solange der Nachwuchs spürt, dass Sie seine Distanzierung nicht akzeptieren, solange fühlt sich das Kind nicht als eigenständiger und erwachsener Mensch angenommen.

Damit Sie mich bitte nicht falsch verstehen: Ich meine nicht, dass Sie gelassen über die Distanzierung des Kindes hinwegsehen sollten. Doch irgendwann ist die Verselbstständigung dran, und dann tut es immer weh, egal, wie weit sich ein Kind entfernt. Und wenn es mit den Eltern nur Friede und Freude gibt, warum sollte ein Kind sich dann aus der Familie lösen und einen Liebespartner suchen?

Ihr Kind scheint den Abstand aus irgendwelchen Gründen zu benötigen und nicht verringern zu wollen, und jetzt stellt sich die Frage: Wie stellen Sie sich wahre Elternliebe vor?

Geht es um Ihren Kummer – oder auch um die Eigenständigkeit und die Bedürfnisse des Kindes?

Die Familie könnte zu eng und zu erdrückend erlebt worden sein. Es gibt Eltern, die so viel für ihre Kinder tun, dass es einengend und zu verpflichtend wirkt. Dann wird die Familie zu einem Gefängnis! Und aus einem Gefängnis möchten die meisten Menschen lieber heute als morgen ausbrechen.

„Ich habe alles, wirklich alles für meine Tochter getan, und jetzt gibt sie mir einfach den Laufpass!" Der Vater kann es nicht fassen.

Warum nicht?

Er hat alles gegeben, doch das darf nicht zu dem Umkehrschluss verführen, später viel zu bekommen. Es gibt keine Aktien in Sachen Liebe.

Alles geben – das ist unter Umständen zu viel. Das könnte heißen: Du brauchst mich und sollst mich weiterhin brauchen, weil ich dich so sehr brauche.

Und jetzt verderbe ich es mir endgültig mit Ihrem Wohlwollen. Aber Sie müssen ja nicht weiterlesen, Sie können die nächsten Seiten auch überspringen, sich einen begrenzten Kontaktabbruch leisten.

Lassen Sie sich bitte mal auf folgende Überlegung ein: Lesen Sie dieses Buch, weil Sie Tipps suchen, wie Sie ihr Kind doch noch umstimmen und den Kontakt wieder herstellen können? Das ist legitim, aber nur die eine Seite.

Können Sie sich eingestehen, dass Sie ohnmächtig sind, nichts mehr für den Kontakt tun können, und ihr Kind mittlerweile in der stärkeren Position ist?

Sind Sie bereit, sich mit sich selbst, Ihrem Verhalten, Ihrem Wertesystem und Ihrer Lebensplanung zu beschäftigen?

Wenn Sie nur auf das Kontaktproblem fixiert sind, möchten Sie möglicherweise übersehen, dass Sie andere und ganz persönliche Probleme haben, beispielsweise überhaupt loszulassen, sich auf Ihre Partnerschaft zu konzentrieren oder für sich zu sorgen und sich Gutes zu tun. Sie konzentrieren sich auf ein Problem, um von einem anderen abgelenkt zu sein. Diese „Behauptung" ist hart, doch manchmal ist es so.

Das ist die andere Seite: Gibt es auch ein lebenswertes Leben ohne Kontakt zum Kind???

Und jetzt höre ich Ihren Protest: Aber die Enkelkinder müssen doch wissen, wer ihre Großeltern sind. Was ist, wenn sie nach Oma und Opa fragen? Was wird mein Kind ihnen sagen?

Glauben Sie ernsthaft, die Kinder Ihrer Kinder könnten nicht ohne Großeltern aufwachsen? Enkel können das! Aber viel schöner ist das Zusammensein mit Großeltern.

Es ist schrecklich, aber wenn Ihr Sohn oder Ihre Tochter den Kontakt nicht will, dann bleibt Ihnen nichts anderes übrig, als das zu schlucken. Wohlgemerkt: Sie geben schließlich Ihre Bemühungen auf, doch Sie geben nicht ihr Kind auf. Diese Unterscheidung ist wichtig.

Und darum sollten Sie diesen Schritt der Distanzierung auch mitteilen, und wenn Briefe retourniert werden, nutzen Sie eine offene Postkarte: „Es tut mir weh, aber ich akzeptiere, dass du keinen Kontakt möchtest. Ich werde darum nichts mehr in Richtung Aussprache usw. unternehmen. Ich verabschiede mich von unserem Kontakt, aber nicht von dir. Doch ich möchte jetzt auch an mich und mein Leben denken. Adieu!"

Nichts von „deine dich immer noch liebenden Eltern" oder ähnliche emotionale Beteuerungen. Verabschieden Sie sich so sachlich wie möglich – Ihr Seelenleben ist von nun an Ihre Angelegenheit. Ihr Kind ist nicht dafür verantwortlich.

Wird das immer so bleiben?

Manche Menschen benötigen viel Abstand, um schließlich doch zu erkennen, dass ihnen die Familie fehlt. Bei anderen heilt die Zeit die seelischen Wunden. Etliche merken erst bei der Erziehung des eigenen Nachwuchses, dass Erziehung nicht kinderleicht ist, und plötzlich erscheinen ihnen die scheinbaren Versäumnisse und „Fehler" der Eltern in anderem, milderen Licht ...

Vielleicht erkennen Sie oder Ihr Kind das, was die Schriftstellerin Luise Rinser ihrem Buch „Septembertage" anvertraut hat, dass es möglich ist, „aus der Unordnung privaten Leids den großen Schritt zu wagen ins Dunkle, hoffend und glaubend, dass doch alles Verlorene sich wiederfindet, alles Abgerissene neu sich knüpft, alles Verworrene unversehens sich klärt, das ewig Ganze sich ahnen lässt."

In dem schon erwähnten Brief einer Mutter heißt es:
Und ich werde mich auch selber (neu?!) ernst nehmen und mich vor einer weiteren bitteren Neuauflage der Zurückweisung und der Demütigung schützen müssen.

Meckern, streiten und umarmen
Schritte zur Versöhnung

Anfangs lieben die Kinder ihre Eltern.
Nach einiger Zeit beginnen sie, sie zu verurteilen.
Selten, wenn überhaupt je, verzeihen sie ihnen.
Oscar Wilde, Eine Frau ohne Bedeutung

Eine Versöhnung eröffnet neue Möglichkeiten. Sie ist so etwas wie das Sahnehäubchen. Und sie ist eine Vorbedingung für weitere Kontakte.

Schön wäre es, wenn das Kind Ihnen die Hand reichen würde. Zu schön, um wahr zu sein, denn in der Regel läuft es ganz anders. Das Kind erwartet etwas von Ihnen, nämlich eine Art Vorleistung.

Versöhnung mit anderen setzt zuerst eine Versöhnung mit sich selbst voraus. Die bedingt, dass Sie Ihr Verhalten klar erkennen und dazu stehen. Sie haben so erzogen, wie es Ihnen möglich war, dennoch können Sie Ihr Kind enttäuscht und verletzt haben und ihm nicht immer gerecht geworden sein. Sie wissen es längst, doch ich möchte es Ihnen immer wieder ans Herz legen: Eltern sind nicht unfehlbar.

Diese Einsicht stellt Ihr Angebot an das Kind dar: *Ich habe nachgedacht, mich geprüft, mich in die Pflicht genommen. Ich habe erkannt, dass einige meiner Verhaltensweisen nicht so gut gewesen sind. Dazu stehe ich, ich kann es nun nicht mehr ändern, ich kann dich nur um Nachsicht und Verzeihung bitten und mich zukünftig anders verhalten. Lass es uns probieren und sage mir ganz deutlich, falls ich doch in meinen alten Trott verfallen sollte. Hilf mir bitte dabei.*

Versöhnung ist mehr als eine Entschuldigung. Letztere geht von einer Schuld aus. Versöhnung hat mehr mit einer Erkenntnis, mit dem Verstehen und der Liebe zu sich selbst und dem anderen Menschen zu tun. Sie muss von beiden Seiten gewollt werden.

Und wenn die andere Seite nicht will? Dann kann man dennoch versuchen, sie zur Versöhnung zu motivieren, indem Sie ein Angebot aussenden: *Ich sehe heute vieles mit anderen Augen, ich habe einiges falsch gemacht. Es tut mir leid.*

Versöhnung setzt Arbeit voraus, nämlich Vertiefung in die Vorgeschichte, um überhaupt verstehen zu können.

Erinnern Sie sich an den Sohn, der seine dritte Ausbildung hingeschmissen hat?

Es war ein schöner Sommerabend. Familie B saß mit ihrem 25 Jahre alten Sohn im Garten ihres Reihenhauses.

„Und was soll nun werden?" fragt der enttäuschte Vater. Er selbst hatte sich sein Studium hart erarbeiten müssen. Familie B gehört nicht zu den Millionären, und so fühlt sich der Vater berechtigt, die finanziellen Zügel zu straffen: „Bei einem weiteren Studium möchte ich dann regelmäßig dein Studienbuch und Bescheinigungen sehen. Ich finde, das können wir erwarten."

Das findet ihr einziger Sohn nicht. Solche Kontrollen möchte er sich nicht vorschreiben lassen. „Er hat gemeint, er sei kein kleines Kind mehr und ich hätte kein Vertrauen in ihn. Dann sei das mit uns als Familie eben gelaufen. Bei so viel Misstrauen möchte er lieber gehen. Ich Blödmann hab das nicht in der ganzen Konsequenz kapiert und auch noch nicht gemeint, Reisende sollte man nicht aufhalten.

Und dann ist er tatsächlich gegangen und blieb ein verlorener Sohn. „Und wenn er wiederkäme, würde ich vor Freude ein Fest geben, so wie es in der Bibel beschrieben ist."

Aber der Sohn kommt nicht, will auch nach Jahren immer noch nichts mit seinen Eltern zu tun haben. Ab und an gibt es kurze und belanglose Telefonate, die immer er beendet, plötzlich und unerwartet.

„Er behandelt uns wie seine Lakaien", findet der Vater. In seinen Worten schwingt neben der Enttäuschung auch Ärger mit. Das ist nur zu verständlich. Doch der Ärger wird einer Versöhnung im Wege stehen.

Ärger verflüchtigt sich, wenn wir das Verhalten des anderen Menschen allmählich verstehen und die Motive seinen Tuns klarer werden.

Versuchen wir, zu verstehen.

Der Sohn hat drei Ausbildungen hingeschmissen, er traute sich keine Prüfungen zu. Er hält sich für zu dumm, hat Komplexe. Dafür macht er seine frühere Situation in der Familie verantwortlich. Als er beim Mittagessen seine vergeigte Klassenarbeit beichtete, verstummten alle Gespräche. Es wurde nicht geschimpft, es herrschte bloß Stille, beklemmend und mächtig. Er spürte, was er seinen Eltern mit der schlechten Zensur angetan hatte. Aber es wurde nicht darüber gesprochen, und er fühlte sich ausgegrenzt und nicht beachtet in seinem Kummer, zu dumm für die Schule zu sein.

Als der Vater nun die Studienleistungen kontrollieren will, wird das alte Gefühl wieder aktiviert: Ich bin zu dumm, und mein Vater traut mir nichts zu.

Möglicherweise resultieren auch die Abbrüche der Ausbildungen und die Angst vor Prüfungen aus diesem Gefühl: Ich bringe es nicht, weil ich zu dumm bin.

Hier ist noch interessant, dass auch dieser Vater in seiner Kindheit das Gefühl hatte, wenig wert zu sein. Unbewusst verhält er sich seinem Sohn gegenüber ähnlich, wie sich sein Vater ihm gegenüber verhalten hat. Dieses Verhalten wird „vererbt", weil er sich nie gestellt und es nicht bearbeitet hat. Eher gilt die Parole: Bloß nicht nach Gefühlen forschen!

Während eines Wandertages hat der Sohn einen Lehrer mit einem Kieferzapfen aus dem Rückhalt beworfen. Noch heute erinnert sich der einstige Schüler daran: „Ich wollte einfach eine Reaktion spüren, dass er sich mit mir beschäftigt und mich zur Kenntnis nimmt. Ich wollte eine Wirkung erzielen. Aber es klappte mal wieder nicht. Der Lehrer fasste sich kurz an den Kopf, drehte sich um und schüttelte sein Haupt und meinte nur, ich solle den Quatsch lassen. Er ist nicht mal wütend geworden!"

Er wollte sich in die Beachtung werfen – doch es klappte nicht mal auf diesem Wege.

Die Szene erinnert an das Mittagessen mit der Zensurbeichte. Man beachtet sich nicht groß, schweigt lieber, ist weder traurig noch sauer. Es wirkt wie gleichgültig.

Das Kind fühlte sich ausgeschlossen, am Rande, traurig und wütend. Keiner fragte nach seiner Angst, seiner inneren Verzweiflung. Statt teilnehmender Beziehung (in der man sich aufeinander bezieht statt übergeht) erfuhr er eine Abtrennung: Die Eltern waren nicht bei ihm, sondern *erschienen* weit weg in ihrem Schweigen. Er fühlte Entfernung statt Nähe und vermisste Fragen nach ihm, seiner Erklärung für die Zensur, nach Gefühlen.

Es kann sein, dass er allmählich seine Gefühle verdrängt und schließlich abgespalten hat. Dann sind sie erst mal raus aus dem Bewusstsein.

Als Erwachsener verhält sich der Sohn unbewusst wie seine Eltern, als wollte er ihnen einen Spiegel vorhalten: Knappe, sachliche Telefonate, keine weiteren Kontakte, es herrscht das große Schweigen, die Distanz. Man kommt sich nicht nahe.

Gar nicht so selten werden Eltern abgelehnt, weil sie eine Eigenschaft verkörpern, die der Nachwuchs ebenfalls in sich trägt, aber vehement ablehnt. Das Kind hat sich mit dieser Eigenschaft noch nicht versöhnt, kann sie also noch nicht annehmen, und projiziert sie darum immer wieder auf die Eltern: „Die wollten doch schon damals keinen Kontakt! Darum hat mein Vater doch rausposaunt, man solle Reisende nicht aufhalten. Der war doch froh, mich los zu sein."

Ja, damals sind diese Worte gefallen, die harten und verletzenden. Das ist die eine Seite. Aber gab es nie Zeichen der Anteilnahme und der Anerkennung? War alles nur schwarz und dunkel? „Keine Ahnung. Es interessiert mich auch nicht mehr", mauert der Sohn.

Da distanziert sich der Sohn von sich selbst, will mit seinen Gefühlen und anderen Erfahrungen in der Herkunftsfamilie nichts zu tun haben.

Die Eltern wollten keinen Kontakt: So hat er es ganz subjektiv empfunden, und diese Überzeugung sitzt fest in ihm. Und er muss nicht erkennen, dass er sich genau so verhält.

Das entlastet den Sohn ungemein, belastet jedoch die Beziehung. Er weist mit ausgestrecktem Zeigefinger auf die Übeltäter und sieht nicht, dass bei ausgestrecktem Zeigefinger stets drei Finger auf ihn selbst hinweisen ...

Für eine Klärung der Situation ist es außerordentlich hilfreich, wenn auch das erwachsene Kind versucht, sich in den anderen einzufühlen: Wie hätte ich als guter Vater reagiert, wenn mir mein Sohn von der schlechten Mathezensur erzählt hätte? Was hätte ich wohl gefühlt?

Genau das könnte der Sohn heute seinem Vater „beichten", damit der das verstehen kann. „Das Schweigen damals, das hat mir wehgetan. Ich habe mich ausgegrenzt gefühlt."

Versöhnung bedingt, auf Spielchen zu verzichten, in denen jede Seite ihr Gesicht wahren will. Versöhnung gelingt nur in Aufrichtigkeit.

Dann könnte der Vater den Sohn anschauen und spüren, dass hinter seiner Wut ganz viel Angst versteckt war: „Das tut mir leid. Ich habe das nicht geahnt. Ich wollte dir nicht wehtun. Aber ich hatte auch Angst, du würdest jede Ausbildung hinschmeißen und könntest abrutschen. Da habe ich vielleicht überreagiert. Auf jeden Fall hatte ich dich fragen sollen, was du dir vorgenommen hast, um beruflich voranzukommen."

Könnte ein Gespräch in dieser Art ein neuer Start für Vater und Sohn sein?

Ein Kontaktabbruch wird erleichtert, meistens sogar erst möglich, wenn jemand seine Gefühle verdrängt. Man macht zu. Dadurch schützt man sich auch vor eventuellen neuen Schmerzen und Belastungen. Aber man amputiert sich seelisch und beraubt sich weiterer Entwicklungsschritte. Das frühe Verhalten aus der Kindheit wird wie in einer Endlosschleife wiederholt.

Versöhnung wird erst dann möglich, wenn jemand aus dieser ewigen Wiederholung aussteigen will. Und dazu benötigt er Kontakt mit seinen wahren Gefühlen, meistens der Angst, der Hilflosigkeit oder der ohnmächtigen Wut. Solche Empfindungen wurden über einen längeren Zeitraum angehäuft und brachen sich schließlich im Verlassen der Eltern eine Bahn.

Die Seele des Menschen ist nicht nur schwer zu durchschauen, sondern auch raffiniert.

Es gibt unbewusste Tricks, um eigenen Ärger zu besänftigen:

Man verachtet den anderen Menschen, man macht ihn zu einer Unperson, zu einem „Idioten", einem „Arschloch" oder findet weitere abwertende Bezeichnungen.

Und mit einem Idioten muss man sich doch nicht beschäftigen!

Beliebt ist auch die Projektion, denn sie entlastet so wunderbar: Man selbst sieht sich nicht als aggressiv, sondern der andere Mensch ist so aggressiv. Wie früher bei einer Vorführung der Urlaubsdias, nimmt man das eigentliche Bild nicht im Projektor war, sondern nur in der Projektion auf der Leinwand. Und wenn der andere Mensch ärgerlich ist, dann muss ich eben auch entsprechend reagieren. Was soll ich denn sonst machen? Der andere Mensch wird als Verursacher meiner Gefühle angesehen und bekämpft.

Der Mechanismus der Projektion führt allerdings zu einer ganz bestimmten Einstellung: Der andere Mensch hat angefangen, ich reagiere ja nur darauf. Mit anderen Worten: Der andere ist so etwas wie ein Täter, ich bin nur ein Opfer. Und Opfer dürfen Wut auf die Täter empfinden. Diese Einstellung zementiert sich nach einiger Zeit und bestimmt das Verhalten.

Gerade Schuldgefühle werden häufig durch eine Projektion besänftigt: Nicht ich habe unrecht getan, sondern du! Besonders dann, wenn ein Mensch aus sich heraus perfekt sein möchte (beispielsweise weil er sich als Kind nur dann geliebt fühlte, wenn er toll und vollkommen war), neigt er zur projektiven Verarbeitung seiner belastenden Gefühle.

Doch bei der Problematik der verlassenen Eltern gelingt solch eine Projektion nur zeitweise und lückenhaft, weil es eine besondere innere Spannung gibt. Wenn ich mein Kind nur als Bösewicht sehe, dann muss ich mir auch eingestehen, dass ich selbst dieses Kind so erzogen habe. Und das erzeugt weitere Schuldgefühle, und ich flüchte wieder zur Projektion. Es ist diese inneren Schaukelbewegungen, die nicht zur Ruhe kommen lassen.

Das Weggehen, so schlimm es auch sein mag, beinhaltet eine Chance. Der weggegangene Mensch möchte etwas sagen: Ich habe mich bedroht gefühlt, und darum habe ich mich in Sicherheit gebracht. Wenn ich mich nicht länger bedroht fühlen muss, dann brauche ich auch nicht mehr so viel Sicherheit. Dann können wir uns wieder annähern. Doch das setzt voraus, dass du die Art und Weise deiner Bedrohung verstanden hast, bereust und zukünftig unterlässt.

Das Weggehen ist so etwas wie der Stachel im Fleisch, der eine Entzündung hervorrufen soll, damit den Eltern etwas klarer wird. Der Verlassende möchte unbewusst den Eltern Schmerzen zufügen, damit die Eltern über ihr Verhalten und die Identität ihres Kindes nachdenken, zu neuen Ansichten gelangen und ihr Verhalten von damals endlich verändern.

Häufig kommt es nun zu einer paradoxen Situation: Statt das Wesen ihres Kindes zu erkennen, kümmern sich die Eltern mehr um ihren eigenen Schmerz. Natürlich quält dieser Schmerz, doch die Kinder erwarten in erster Linie, dass die Eltern den Schmerz der kindlichen Seele verstehen.

Kommt es an diesem Punkt zu einem Wettstreit, wer denn schlimmer dran ist, so sind alle weiteren Kontaktaufnahmen zum Scheitern verurteilt und eine Versöhnung wird unmöglich.

Eltern suchen den Kontakt, um sich selbst besser fühlen zu können. Kinder verfolgen aber ein ganz anderes Ziel. Sie erwarten, dass die Eltern ihr falsches Verhalten einsehen und sich vielleicht sogar entschuldigen. Ein Wettstreit des Leidens ist aus diesen Gründen völlig kontraproduktiv.

Häufig beginnen Eltern eine Therapie, um in der schweren Situation der Trennung überleben zu können. Das ist

völlig in Ordnung und manchmal tatsächlich lebens-
wichtig. Es ist auch sinnvoll, sich in einer psychologischen Behandlung allmählich zu belasten und sich zu
fragen: Was bin ich selbst für ein Mensch, welche Identität zeichnet mich aus, welche Familientraditionen wirken in mir nach, über welche Stärken und Schwächen
verfüge ich? Was wird in mir ausgelöst, wenn mein
Gegenüber ganz anderer Meinung ist? Wie stehe ich zu
Streit und Auseinandersetzungen? Wie setze ich mich
durch, beruflich und privat? Wie drücke ich meine Gefühle aus und was bewirken die Gefühle anderer in mir?
Ohne solche Fragen und ehrliche, also nicht beschöni-
gende Antworten, sind Kontaktversuche mit Ihren Kindern sinnlos. Aus diesem Grunde bin ich auch skeptisch
gegenüber den nur aufbauenden und stützenden Angeboten der esoterischen und der Wellness-Psychologie.
Sie mögen zeitweise nützlich für die eigene Stabilisie-
rung sein, bringen aber zu wenig Bewegung in die festgefahrenen Beziehungsmuster. Eltern, die Auseinandersetzungen scheuen, werden sich bei Yoga und
Entspannungsübungen prima beruhigen, aber ist das
wirklich ein erstrebenswertes Ziel angesichts des Kon-
taktabbruches?
Sicherlich ist es hilfreich, Kopfschmerzen mit einer
entsprechenden Tablette zu bekämpfen. Aber wenn die
Kopfschmerzen immer wieder auftreten, kann eine dauernde Tabletteneinnahme erhebliche Nachteile mit sich
bringen. Ich halte es dann für wichtiger und mutiger,
nach den Ursachen für den Kopfschmerz zu suchen.
Es kann sein, dass Sie mir in diesem Punkt zustimmen,
aber einwenden: Mein Kopfschmerz rührt vom Kontaktabbruch meines Kinder her, das weiß ich, aber mein
Kind will keinen Kontakt, und dadurch kann ich die
Ursache für meinen Kopfschmerz nicht beseitigen. Ich
bin also hilflos.

Ist diese Betrachtungsweise nicht zu einseitig? Ist es nicht vielmehr so, dass die Frage nach dem Warum ihnen so arge Schmerzen bereitet? Warum ist mir, ist uns, das widerfahren?

Es ist sinnvoll, sich zeitweise zu stützen, aber das ist nicht alles, um mit der Situation fertig zu werden. Es ist ein erster Schritt – und wo bleibt der zweite, die Selbsterkenntnis? Erst diese Erkenntnis wird Sie öffnen und so stärken, dass Sie überzeugend die Hand ausstrecken können.

Wenn Menschen ihren Ärger oder ihre Enttäuschung spüren, dann kann etwas in Bewegung kommen und Nähe entstehen. Wut und Ärger schreien wir heraus, damit sie gehört werden, und der andere, der uns so übel mitgespielt hat, sein Verhalten ändern kann und alles wieder (einigermaßen) gut wird. Der Ärger zeigt, dass wir am Gegenüber interessiert sind und darauf vertrauen, dass die Beziehung sich verändern kann.

In der getrennten Familie trennen sich die Kinder nicht nur von ihren Eltern, sondern auch von ihren eigenen Gefühlen. Sie legen sich einen Panzer zu, der es ihnen auch später in der eigenen Liebesbeziehung nicht gerade leicht macht, auf den Partner oder die Partnerin einzugehen und eigene Befindlichkeiten mitzuteilen. Das Einfrieren der Gefühle entwickelt sich zur Lebensstrategie.

Eine Mutter schreibt über einen enttäuschenden Kontakt mit ihrem Sohn:

Am schlimmsten ist das totale Verweigern von Gespräch und Austausch: „Mit Dir reden wir nicht!" „Warum nicht?" Die Antwort ist Schweigen, keine Begründung! Ich habe kürzlich wirklich ernsthaft vorgeschlagen, einen Mediator für ein paritätisch ablaufendes Ge-

spräch zuzuziehen, weil ich allein gar nicht mehr den
Mut und die Kraft aufbringe, mit den beiden zusammen-
zutreffen.
Das abschmetternde Ergebnis hat mich letztendlich
auch nicht mehr überrascht.
Ich möchte Ihnen zu diesem Schreiben einige Überlegungen vorstellen.
Vielleicht kennen Sie die Situation, wenn Ihr Ehepartner bekümmert ausschaut, und Sie fragen besorgt: „Was
hast du denn? Ist was?"
Meine Frau pflegt bei dieser Frage etwa so zu antworten: „Was soll schon los sein?" Oder: „Ach, nichts, lass
mich in Ruhe."
Solche Antworten sind nicht verwunderlich. Wenn jemand enttäuscht von mir ist oder sich über mich geär-
gert hat, dann erwartet dieser Mensch ganz automatisch
von mir, dass *ich* mich frage, was ich denn falsch gemacht haben könnte. Aus der Sicht meiner Frau bin ich
als Verursacher ja ein Übeltäter, und darum habe ich
mich gefälligst um eine Bereinigung des von mir ange-
richteten „Schadens" zu kümmern. Ich muss also mein
Verhalten rekapitulieren, um „Schwachstellen" zu entdecken und anzubieten, beispielsweise: „Bist du ärgerlich, weil ich so spät gekommen bin?" „Bist du enttäuscht, weil ich nicht angerufen habe?"
Die Suche nach eigenem „Fehlverhalten" (aus der Sicht
des Gegenübers) weckt Hoffnungen und macht ge-
sprächsbereit: Wenn mein gegenüber seinen „Fehler"
erkennt, kann alles gut werden.
Das enttäuschte Schweigen ist als Aufforderung gedacht: Na, jetzt überleg doch noch mal, was du ange-
richtet hast! Kennst du mich denn so wenig, dass du dir
das nicht mal vorstellen kannst?
Wenn Ihnen jemand ins Gesicht sagt „mit dir reden wir
nicht", was mag ihn zu der ablehnenden Haltung ge-

136

bracht haben? Enttäuschung? Verletzung? Verärgerung? Wahrscheinlich wird es irgendein Gefühl sein, das blockierend und ablehnend wirkt.

Wenn Sie nun auf der emotionalen Basis reagieren, könnte ein Gespräch in Gang kommen, weil Sie näher am Gesprächspartner dran sind: „Du bist enttäuscht von mir?"

Oder: „Ich habe dich verärgert?"

Also: Stellen Sie sich vor, was bei Ihrem Kind innerlich los sein könnte, und drücken Sie das als Frage aus. Ihre Vermutung muss nicht hundertprozentig stimmen, dennoch stellen Sie auf der Gefühlsebene einen Kontakt her, der anspricht.

Eine andere Idee:

Das Verhalten der jungen Familie erinnert schon an dicke Rache: Alle Angebote prallen ab. Ein hartherziger Sohn, der seiner Mutter wehtun möchte?

Vielleicht. Doch für wahrscheinlicher halte ich einen anderen Gedanken.

Vielleicht hat er sich bei der starken Mutter eher klein gefühlt. Und jetzt hat er die Möglichkeit, endlich groß und kräftig aufzutreten, indem er Mutters Kontaktversuche abschmettert. Er hat es in seinen Händen, er ist (endlich) mächtig. Dieses Gefühl der Überlegenheit scheint wichtig für ihn zu sein. Es wirkt als Gegengewicht zu der befürchteten Abhängigkeit.

Wohlgemerkt: Das läuft alles unbewusst, also ohne Kontrolle durch den Verstand, ab, es hat sich zu einem Reflex verselbstständigt.

Ich will um keinen Preis klein sein, und darum muss ich überlegen sein! Ich muss die anderen nach meiner Pfeife tanzen lassen, denn nur dann fühle ich mich sicher. Wenn ich mich mit den Eltern aussprechen oder mich gar annähern würde, das wäre ja wie eine Kapitulation, ein Einknicken. Dann würde ich mich wieder so klein wie damals fühlen. Schönen Dank auch! Das will ich nicht.

Natürlich dürfen dann keine Kontakte stattfinden, weil man sonst ja reden könnte. Und dann müsste man vielleicht auch mal sagen, was alles Murks war und was gestört hat.

Man müsste meckern und sich auskotzen! Und dann könnten Schritte zur Annäherung passieren.

Aber offensichtlich steckt genau da die Angst, und die lähmt. Vielleicht hat man schlechte Erfahrung mit Ärgeräußerungen gemacht, möglicherweise wurden Ärger und Enttäuschung sogar bagatellisiert: „Das stimmt gar nicht, was du da sagst. Das bildest du dir nur ein. Stell dich bloß nicht so an!"

Auch heute könnte es noch Theater geben, man weiß ja nie! Und warum sollte man sich das alles antun? Dann lieber (scheinbare) Ruhe und Abstand.

Und was ist, wenn es in der eigenen Partnerbeziehung oder am Arbeitsplatz Ärger gibt? Muss der dann auch runtergeschluckt werden, bis man daran erstickt?

Die Scheu vor den Gefühlen charakterisiert das Kind im Erwachsenen. Und darum ist die Überwindung dieser Scheu so wichtig, um nämlich weiterzukommen, mutiger und erwachsener zu werden. Die Hand reichen – das bringt einen selbst weiter. Das tut nicht nur Vater oder Mutter gut, sondern ist in erster Linie ein egoistischer Selbstzweck. Und das ist gut so. Es ist nicht verboten, etwas für die eigene Entwicklung zu tun.

Versöhnung bedingt eine angebotene Hand – und jemanden, der sie ergreift.

Bis hierher – und nicht weiter
Für betroffene Kinder

Welches Kind hätte nicht Grund,
über seine Eltern zu weinen?
Arthur Schopenhauer, Die Welt als
Wille und Vorstellung.

Für eine Distanzierung innerhalb der Familie gibt es Gründe, niemals aber zwingende. Denn alle hätten sich anders verhalten können, und dann wäre alles auch anders gekommen.

Doch Menschen können nicht so leicht aus ihrer Haut, selbst wenn sie es möchten. Das gilt nicht nur für die Eltern, sondern auch für die Kinder.

Wenn es einem zu bunt wird, kann man sein Ränzel packen, aber man muss es nicht. Man kann auch bleiben und eine bessere Beziehung fordern. Dann ist es immer noch eine Frage, ob die anderen mitspielen oder in ihrem gewohnten Trott weitermachen. Das kann man nicht vorhersehen, sondern nur ausprobieren.

Und an diesem Punkt machen Sie es sich zu leicht!

Es gab Probleme, und Sie sagen „Vielen Dank, Eltern – das war's!"

Das ist nicht verboten – aber wen bringt das weiter? Sie? Ihre Eltern?

Es erinnert mich an den Bundespräsidenten Horst Köhler, der öffentlich kritisiert wurde und sich flugs verabschiedete. Gehört er zur Generation „no critics", also: Kritik unerwünscht und bitte keine Auseinandersetzung? Immerhin hinterlässt er Fragezeichen in den Geschichtsbüchern. Wenn er es denn nötig hat ...

Als Therapeut sage ich Ihnen: Sie kneifen, und das nicht zu knapp! Warum auch immer – aber Sie tun es.

Sicherlich gibt es dafür Gründe, doch was hindert Sie, genau diese Gründe Ihren Eltern um die Ohren zu klatschen?

Es bringt nichts, meinen Sie?

Und wie oft haben Sie es schon versucht? Wenigstens ein einziges Mal?

Und es hat nichts gebracht?

Vielleicht gehören ihre Eltern zur Sorte „dickfellig" oder „schwer von Begriff".

Dann sollten Sie es noch ein zweites Mal probieren. Aber klar und deutlich sagen, was Sie stört, und was Sie von Ihren Eltern zukünftig erwarten.

Falls Sie jetzt abwinken: Okay, ich habe noch ein paar Vermutungen (oder Provokationen) im Köcher:

Manchmal möchten Menschen Zeichen setzen und provozieren, um auf etwas aufmerksam zu machen. Dann ist das Verhalten so etwas wie ein schweigendes Gespräch, und es ist äußerst schwer, die Beweggründe zu erahnen. Darum führt dieses Vorgehen auch selten zum erhofften Erfolg.

Besser ist es, die Konflikte anzusprechen. Dann hat man das getan, was einem in dem Moment möglich ist.

Höchstwahrscheinlich haben Sie als betroffenes Kind längst resigniert und sich gesagt, dass sich Ihre Eltern doch nicht ändern werden. Aus Ihrem Blickwinkel betrachtet haben die Eltern nichts eingesehen, nichts kapiert und nichts Neues ausprobiert. Die Alten kommen von der alten Leier nicht los, und es stellt sich die Frage, ob man sich das dann auch weiterhin antun muss, diese Enge, diese Kontrollen, dieses Nachfragen, das unverlangte Helfen, diese Einmischungen, das Nicht-Abrücken von Standpunkten.

Man muss es sich nicht antun, und darum sind Sie gegangen. Vermutlich geht es Ihnen jetzt besser, eventuell aber auch nicht wirklich gut. Es kann nämlich sein, dass diese heftige Form der Abnabelung ihrem Gewissen von Zeit zu Zeit zusetzt. Das ist auszuhalten, piesackt aber doch ein wenig. Und außerdem bindet Sie der nicht ausgetragene Konflikt an Ihre Konfliktpartner, weil ungelöste Situationen eine Unruhe im Gehirn erzeugen. Die grauen Zellen wollen nämlich immer wieder daran erinnern, dass es etwas zu bereinigen gibt, um wieder in der Balance zu sein.

Sie haben einen mutigen Schritt getan, aber es gibt einen noch mutigeren: die Auseinandersetzung.

Die meisten Eltern hegen bestimmte Erwartungen an ihre Kinder, orientieren sich an Erziehungsprinzipien, haben Regeln im Kopf – und vergessen dennoch, dass man nur mit dem Herzen gut sieht, denn „das Wesentliche ist für das Auge unsichtbar," erkannte der französische Schriftsteller und Flieger Antoine de Saint-Exupery (Der kleine Prinz).

Das Wesentliche ist der einzigartige Charakter, das sind die Stärken und Schwächen eines Menschen, seine Ecken und sein Charme.

Ich habe Eltern stets gebeten, mir ihr „Problemkind" genauer zu beschreiben, mal mit Worten ein Bild von diesem Kind zu zeichnen. Manchmal war ich erschrocken, denn da kamen dürre Beschreibungen: Größe, Krankheiten in der Kindheit, besondere Ängstlichkeit oder ausgeprägte Sensibilität. Und das war es dann.

Nicht alle Menschen, die Eltern werden, sehen mit dem Herzen gut. Leider ist das so. Dennoch versuchen wohl alle Eltern, ihren Kindern das zu geben, was sie können. Und mehr geht nun mal nicht!

Aus der Sicht des Kindes mag es sein, dass sich die Eltern damals zu wenig gekümmert und zu selten verstanden haben, was im Kind vorgeht. Das ist traurig und das ist wirklich schlimm!

Doch Vorsicht: Schütten Sie das Kind nicht mit dem Bade aus, indem Sie heute Ihre Eltern ignorieren, also etwas Ähnliches wie Ihre Eltern damals machen.

Annäherung setzt ein gewisses Maß an Verständnis und Barmherzigkeit voraus. Kinder sollten nicht zu viel erwarten und sich selbst auch kritisch fragen: Mache *ich* denn alles richtig? Hat nur der andere Mensch Schuld? Bin ich nicht auch in gewisser Weise beteiligt? Hätte ich lautstärker protestieren sollen, bin ich als Jugendlicher überhaupt auf die Barrikaden gegangen, habe ich ausreichend für meine Freiräume gekämpft?

Eine Frau in meiner Beratung beklagte sich, dass sie als Jugendliche auf Druck der Mutter schreckliche Jersey-Hosen tragen musste. Aber sie kam gar nicht auf die Idee, sich dagegen aufzulehnen und sich vom eigenen Ersparten Jeans zu kaufen. „Das hätte doch ein Riesentheater mit meinen konservativen Eltern gegeben!"

Na und? Was wäre daran so schrecklich? Manchmal muss es heftig zugehen, damit die Eltern etwas ernst nehmen. Man nennt diese Spannungen auch Pubertät.

Sie können Ihren Eltern eine Menge vorwerfen, sie können das Erlebte und Erlittene aber auch betrauern. Manches ist doch wirklich zum Weinen! Oftmals sind Menschen ärgerlich und verbittert, doch im Grunde ihres Herzens sind sie eher traurig. Trauen Sie sich an Ihre Trauer heran! Es befreit, Ärger und Verstimmungen lösen sich, und die Beziehung kann auf eine andere Basis gestellt werden.

Solange Sie den Eltern alles Mögliche, berechtigt oder unberechtigt, vorwerfen, können Sie sich als besserer Mensch überlegen fühlen. Doch vergessen Sie nicht: Sie stehen größer da, weil Sie auf den niedergedrückten Eltern stehen. Die Psychoanalytikerin Verena Kast meint darum, „dass wir nie nur Opfer, sondern immer auch Täter sind."

Solange die Alten angekrochen kommen und den Kontakt erbetteln, so lange können Sie sich stark und überlegen fühlen.

Sicherlich gibt es völlig verunglückte und aus der Spur geratene Eltern, die Ihre Kinder geschädigt und vernachlässigt, missbraucht und geprügelt haben. Vor denen sollte man sich schützen, denn dort bekommt man gar nichts. Solche Eltern kosten nur Lebensenergie!

Doch es lohnt sich die Frage, ob die Eltern *nur* schlimm und schlecht sind. Schließlich verfügt jeder Mensch auch über Licht- und Schattenseiten! Zwischen Engeln und Teufeln gibt es noch Vater und Mutter: Sie haben von beiden etwas, aber nicht alles von einem.

Als Kontaktverweigerer zahlen Sie Ihren Eltern etwas heim. Was soll das bringen und wem nutzt das?

Warum möchten Sie sich und den Eltern keine zweite Chance geben? Vielleicht haben die Eltern inzwischen mehr verstanden und sehen manches in anderem Licht. Dann könnte sich doch auch etwas Neues zwischen ihnen entwickeln.

Man ist nie zu alt für neue Gedanken. Auch wenn sich bei ihren Eltern wenig Neues getan hat, könnten Sie selbstbewussteres Verhalten ausprobieren. Es gibt ja noch andere Verhaltensmöglichkeiten neben dem Rückzug. Falls Ihre Eltern zu sehr auf die Tränendrüsen drücken oder emotional erpressen, könnten Sie sich wehren: nicht mehr mit mir! Bitte, lass das, sonst verschwinde ich gleich wieder!

Setzen Sie klare Grenzen, denn gute Zäune machen gute Nachbarn!

Die Eltern müssen nicht alles von Ihnen gut finden – und Sie sind nicht mehr auf Akzeptanz angewiesen. Toleranz vonseiten der älteren Herrschaften wäre schön, doch manchmal kann man nicht alles haben. Es sind halt nur Eltern, keine gottähnlichen Wesen. Und falls sie sich doch als solche aufspielen, dann treten Sie den Eltern ruhig auf die Füße und sagen klar und fest „stopp." Und falls Ihre Eltern das dann immer noch nicht kapieren, dann können Sie sich natürlich auch wieder verabschieden.

Eigentlich doch ganz ungefährlich, oder?

Eltern sind auch nur normale Menschen. Sie wollen ihre Rollen als Mann und Frau und Paar leben, im Beruf etwas leisten und eigene Enttäuschungen und Kränkungen verdauen. Eltern leben auch in ihrer eigenen Welt, mit Höhen und Tiefen. Sie leben nicht nur für Kinder!

Sie als Kind haben nun die Wahl: Sie können auf das Fehlende schauen oder auch auf das, was Ihre Eltern Ihnen Gutes getan haben.

Auch Ihre Eltern haben sich bei Ihrer Geburt gefreut, Sie nachts beruhigt, Kinderlieder zum Einschlafen gesungen, an Ihrem Bettchen gewacht, sich Sorgen gemacht, auf Sie aufgepasst, Sie behütet, manchmal auch überbehütet, Sie verwöhnt oder zu sehr gefordert – ach, Sie wissen das besser als ich. Für viele Jahre war das auch ganz gut so. Aber irgendwann lief es schief, und das haben weder Sie noch Ihre alten Herrschaften angesprochen. Beide „Parteien" sind da reingeschliddert, ohne es zu wollen.

Die Eltern haben zu wenig mit dem Herzen gesehen und nicht erkannt, was Sie als Kind oder junger Mensch brauchten, und wie Sie sich entwickelt haben. Wenn die Erzieher das nicht merken, kann und darf man ihnen auf die Füße treten und es ihnen sagen. Es ist nicht verboten, auch seine Eltern zu erziehen!

Es schadet also nichts, wenn Sie klar sagen: „Ich bin jetzt in einem Alter, in dem ich für mich sorgen kann. Es ist nett, wenn ihr mir helfen wollt, aber von nun an möchte ich mir selbst helfen und mein Leben in meine eigenen Hände nehmen. Wenn ich tatsächlich einmal eure Hilfe brauche, werde ich mich melden. Traut mir zu, dass ich mein Leben allein leben kann. Haltet Abstand, dann muss ich den nicht herstellen und euch womöglich vor den Kopf stoßen!"

Ihre Ziele

Auf jeden Fall wollen Sie mit ihrer Abwendung von den Eltern (und Geschwistern?) etwas erreichen.

Aber was?

Sie haben Abstand gewonnen, dadurch auch mehr Ruhe und mehr Freiraum. Vielleicht möchten Sie Ihre Eltern bestrafen. Möglicherweise sollen Ihre Eltern an eigener Seele erleben, wie es ist, wenn man nicht beachtet wird. Und gar nicht so selten möchten sich Kinder mit ihrem Weggang bei den Eltern in Szene setzen und endlich mal richtig Beachtung finden: Ich verhalte mich jetzt so dramatisch, damit ihr ewig darüber nachdenken und euch mit mir beschäftigen müsst.

Natürlich weisen alle Menschen derartig „gemeine" Gedanken weit von sich, weil sie sich nicht vor sich selbst schämen wollen. Dennoch treibt uns unser Unterbewusstsein zu Handlungen, die wir vom Verstand her vielleicht gar nicht gut finden. Aber unser Unbewusstes schert sich weder um Moral noch um unseren Verstand. Es treibt uns lieber zu kindlichen Verhaltensweisen, und wir hoffen, damit etwas für uns zu erreichen, indem sich der andere Mensch vor den Kopf haut, der Groschen fällt, und er sein Verhalten ändert.

Es wäre paradiesisch, aber das Paradies ist stets woanders.

Natürlich sollten Erzieher zuerst mit dem Herzen sehen. Doch viele leiden an psychischen Herz-Rhythmus-

Störungen und können das nicht besonders gut. Eltern sind nicht perfekt, und es reicht, wenn sie immerhin relativ gut sind. Eltern versuchen, das Beste zu tun, aber sie sind nur Laien in der Erziehung, und Laien machen nun mal Fehler. Das ist nicht tragisch, denn die meisten Fehler lassen sich wieder ausbügeln. Menschen und Schicksal sind nämlich robust.

Und darum lohnt es, wenn Sie sich in aller Ruhe fragen: Von was möchte ich mich eigentlich (!) trennen? Was regt mich auf?

- Ist es ein nicht zu akzeptierendes Verhalten beim anderen Menschen?
- Oder kann ich diesen Menschen selbst absolut nicht mehr ausstehen?

Dieser Unterschied ist wichtig!

Kann ich bestimmte Verhaltensweisen nicht mehr aushalten, dann gibt es Chancen für eine Verbesserung der Beziehung. Voraussetzung dafür: Sie teilen mit, was Sie genau stört. Sie nennen also konkretes Verhalten (die Störreize) und verraten, was Sie stattdessen gern hätten. Also: 1. Störung konkret benennen. 2. Erwünschtes Verhalten beschreiben.

Verkneifen Sie sich unbedingt Anschuldigungen und Vorwürfe, denn die würden nur wie Öl im Feuer wirken.

Schwieriger ist es, wenn Sie Aversionen gegen den Menschen selbst hegen. Es gibt Menschen, die wir einfach nicht mögen, egal was sie tun. Sie sind negativ im Gehirn und Fühlen eingescannt.

Da ist nichts mehr zu retten.

Falls Sie als Eltern diese Zeilen lesen, werden Sie wahrscheinlich aufschreien.

Es gab doch mal gute Zeiten, wir haben uns lieb gehabt. Man empfindet doch keine Abneigung gegen seine Eltern!

Aber es ist so: Wenn man sich längere Zeit über jemanden ärgert und enttäuscht ist, färben diese Emotionen allmählich auf den ganzen Menschen ab. Hat sich erstmal ein total negatives Bild eingenistet, werden alle Verhaltensweisen durch diese Negativ-Brille gesehen, schließlich sogar der ganze Mensch.

Zum Kontakt verpflichtet?

Manche Eltern neigen dazu, die große moralische Knute einzusetzen: „Du bist verpflichtet, dich um mich zu kümmern ..." Vielleicht wird der Druck mit christlichen Geboten, moralischen Werten oder gar Paragrafen aus der Juristerei untermauert, um Sie einzuschüchtern.

Das hinterlässt einen schalen Nachgeschmack, weil Sie freiwillig und aus der Zuneigung heraus oder lieber gar nicht Kontakt pflegen möchten.

Schade, wenn Eltern das nur schwer nachfühlen können.

Auch der Hinweis auf schlimme Erkrankungen, die durch die Distanzierung des Kindes verursacht sein sollen, lässt Kinder tief seufzen, bringt sie aber in der Regel nicht nach Hause – sondern in die Ferne!

Denn all das ist eigentlich nicht zum Aushalten und verschlimmert nur das Bild, das Kinder von den Eltern haben.

Dennoch können Sie als Kind entscheiden, ob Sie Ihr Heil weiter in der Flucht suchen, oder ob Sie Grenzen setzen möchten, denn bekanntlich machen erst gute Zäune gute Nachbarn.

Die guten Zäune werden aber nicht von Eltern kommen, sondern es ist Ihre Aufgabe, für einen aus Ihrem Erleben wohltuenden Abstand zu sorgen. Dieser Abstand muss ja nicht immer in der maximalen Entfernung oder totalen Trennung bestehen, und er kann zu bestimmten Zeiten größer oder geringer sein.

Eine Idee von mir, was Sie schreiben oder sagen könnten, wenn die Eltern Kontaktwünsche äußern, die aber nicht ganz frei von moralischem Druck sind: „Hallo, ich habe Eure Nachricht erhalten. Und ich bin enttäuscht, dass Ihr mich in die Pflicht nehmen oder mich verantwortlich machen wollt. Ich bin nicht Euer kleines Kind und Ihr seid nicht die großen Weisen! Ich finde, Kontakte entspringen einem inneren Bedürfnis. Ich möchte keinen moralischen Druck, sondern erleben, dass sich unsere Beziehung anders als früher gestalten lässt. Von daher bin ich neugierig, was sich bei Euch verändert hat, was ihr euch vorstellt und was wir in Zukunft anders machen könnten.“

Eigene Veränderung
Durch Erfahrungen in ihrer Kindheit und Jugend haben sich bestimmte Gedanken und Überzeugungen über Ihre Eltern in ihrem Gehirn eingenistet. Sie wirken wie eine innere Landkarte, und man richtet sich nach ihnen. Vielleicht befürchten Sie, wieder von den Eltern bevormundet, kontrolliert, begutachtet oder mit Liebe eingefangen zu werden. Mag sein, dass Ihre Eltern dieses Verhalten bei sich gar nicht bemerken, weil es ihnen in Fleisch und Blut übergegangen ist. Sie tun es also nicht aus böser Absicht, sondern aus sturer Gewohnheit.

Leider machen die wenigsten Menschen ein Update ihrer Überzeugungen und Vorurteile, um zu erleben, was sich vielleicht doch im Laufe der Zeit verändert hat. Natürlich können Sie sagen, dass weitere Kontakte nichts bringen, weil die Eltern noch nichts dazugelernt haben. Aber was macht Sie da so sicher?

Nichts bleibt wie es ist, denn Leben ist Wandel und Veränderung. Man kann nicht zweimal in den gleichen Fluss steigen.

Gestatten Sie mir die Frage: Warum sollten sich nur und ausschließlich die Eltern ändern?

Vielleicht fällt es Ihren Eltern leichter, auf ein neues Verhalten von Ihnen zu reagieren.

Meine Erfahrung in Therapien hat mir immer wieder gezeigt, dass Menschen, die von anderen eine Veränderung erwarten, vor der Veränderung im eigenen Verhalten zurückschrecken. Sie schützen sich vor dem Neuen, dem Entwicklungsschritt. Sie motivieren sich nicht mit Sätzen wie: „Ich tue jetzt mal ganz bewusst das, was mir ein mulmiges Gefühl im Magen macht, doch zurückziehen kann ich mich ja immer noch."

Für Sie könnte das bedeuten, konkret ihre Unabhängigkeit und Eigenständigkeit zu vertreten, indem sie ihren Eltern immer wieder sagen: „Stopp, bis hierher, aber nicht weiter!" Gerade wenn man das nicht gewohnt ist, verlangt das schon eine ganze Menge Mut.

Immer, wenn Sie sich nicht gut fühlen, könnten Sie Ihr Gefühl als Warnhinweis nutzen und fordern: „Mir geht es nicht so gut, ich brauche jetzt mehr Abstand."

Wenn Sie sich über die Eltern ärgern, schlucken Sie den Klumpen Unzufriedenheit nicht länger runter, sondern kotzen Sie sich aus, indem Sie Ihren Ärger in Worte fassen und das Verhalten benennen, was Ihre Unzufriedenheit auslöst, also ihr Gefühl und das für Sie kritische Verhalten der Eltern konkret beschreiben. Das kann sich beispielsweise so anhören: „Es stört mich, wenn ihr hier unaufgefordert aufkreuzt. Ich erwarte, dass ihr euch vorher anmeldet. Sonst werde ich die Tür nicht mehr öffnen."

Wenn Sie Ihrem Ärger nur in ärgerlichen Worten Luft verschaffen, klingt das vorwurfsvoll, und auf Vorwürfen erntet man meistens Gegenvorwürfe. Vorwurf: „Wieso kreuzt ihr hier auf? Warum ruft ihr nicht vorher an?"

Die Stimmung steigt, die Stimmen werden lauter und beide Seiten gehören immer weniger zu. Von einer Verständigung ist das sehr weit entfernt! Das wird kein Gespräch, sondern ein Geholze. Selbst wenn sie Ihr Gefühl klar benennen, weiß die andere Seite immer noch nicht, was denn Ihren Ärger ausgelöst hat. Wenn man das störende Verhalten nicht kennt, kann man es auch nicht verhindern. So ist das nun mal. Und wenn man sein Verhalten beibehält, dann werden auch die Konflikte fortleben.

Also: Es ärgert, freut, macht mich traurig, lähmt mich, macht mich sprachlos usw., wenn du x oder y machst.

Vermutlich werden ihre Eltern erstmal sauer sein, weil sie solch ein Verhalten von Ihnen nicht gewohnt sind. Aber Kinder sind nicht verantwortlich für das Seelenheil ihrer Eltern. Beginnen Sie, Verantwortung für Ihr Tun und Lassen zu übernehmen, setzen Sie Grenzen, machen Sie Ihrem zugeschnürten Herzen Luft. Laufen Sie nicht länger davon, sondern stellen Sie sich. Zeigen Sie Flagge!

Aber wo soll die innere Stärke herkommen?

Ich kenne Kinder, die beklagen, die Eltern hätten ihnen zu wenig Selbstbewusstsein mitgegeben. Selbstsicherheit ist jedoch nicht so etwas wie ein Pausenbrot, von dem man abbeißen kann, und das immer wieder von den Eltern neu geschmiert und eingepackt wird, sondern man muss sie sich im Leben erwerben, indem man etwas riskiert, sich in neuen Situationen ausprobiert und nicht nur den bequemen Weg geht. So erfährt man durch sein eigenes Tun, was man kann und wie man etwas angehen kann. Und erst diese Erfahrung macht selbstbewusst.

Falls aber alles total festgefahren zu sein scheint, nehmen Sie würdig Abschied von den Eltern, flüchten Sie nicht wie ein Dieb in der Nacht. Schließlich sind Ihre Eltern nicht die letzten Arschlöcher (Verzeihung), sondern Menschen, Menschen, die anders denken und empfinden als Sie. Das ist nicht verboten, auch nicht unmoralisch, aber schade, sehr, sehr schade, wenn man sich das vorwirft und nicht akzeptiert.

Schreiben Sie den Eltern einen Brief und bringen Sie darin zum Ausdruck, was Sie gestört hat, was Sie gefühlt und vermisst haben, wie es dem kleinen Kind von damals und dem Erwachsenen von heute geht, vielleicht auch, was Sie selbst versäumt haben, und was Sie heute anders machen würden. Das müssen keine seitenlangen Ergüsse sein, sondern „nur" aufrichtige Gedanken zur Information Ihrer Eltern, denn Menschen brauchen Klarheit, weil sie sich sonst mit Vermutungen und Grübeleien kaputt machen.

Und das muss ja nicht sein, weil es letztlich nicht zum Glück der Menschheit beiträgt.

Danke, dass Sie das gelesen haben!

Selbsthilfegruppen für ein längeres Leben

„Wenn Kinder plötzlich den Kontakt abbrechen, fallen Eltern in ein tiefes Loch."
So steht es in einem Flyer der Selbsthilfegruppe in Freiburg. Und das stimmt!
Die Eltern martern sich mit Fragen und Selbstvorwürfen, leiden unter Schuldgefühlen und von den Kindern verweigerten Gesprächen.
Wenn ein Kind stirbt, kann man Abschied nehmen, trauern und Trost und Rückhalt bei vertrauten Menschen finden.
Aber wenn ein Kind sagt „das war's", dann hängen Eltern in der Luft. Sie schaffen es nicht, sich zu verabschieden. Auch in der ärgsten Trennung bleibt eine Beziehung übrig: „Die Kinder bleiben im Kopf", bekannte eine betroffene Mutter. „Man hadert mit der Ungerechtigkeit, dass man den eigenen Kindern nichts wert ist, während sie einem selbst doch so viel bedeuten."
Der Schmerz ist riesengroß – aber auch die Scham, über dieses Schicksal zu reden.
Auch darum sind Selbsthilfegruppen gerade für die Eltern (oder auch Kinder) so wichtig: Hier gibt es Raum und Verständnis, um sich auszusprechen und zu erfahren: Ich bin nicht allein – es geht vielen Eltern so oder zumindest ähnlich.
In einer Information der Selbsthilfegruppe „Verlassene-Eltern.de" heißt es:
„Nach unseren Erhebungen und Erfahrungen müssen es Hunderttausende sein, die unter dem Schicksal des Verlassen-Werdens zu leiden haben. Allein von Januar bis Juni 2010 ist unsere Homepage von circa 44.000 (!) Interessierten angeklickt worden!
Leider ist das Thema trotzdem noch nicht gesellschaftsfähig."

Wenn die Gesellschaft davon (noch) nichts wissen will, ist es umso wichtiger, sich mit anderen Menschen austauschen zu können. Reden verändert nicht die Situation, erleichtert aber das Herz und hilft beim Überleben. Erfahrungsaustausch mindert den inneren Druck und hilft, trotz allem einigermaßen gesund zu bleiben.

Menschen mit verständnisvollen Kontakten leiden seltener an Asthma, hohem Blutdruck oder Herz- und Kreislaufproblemen, und sie sind weniger anfällig für Depressionen oder Ängste. Es bringt also eine ganze Menge, wenn jemand mitfühlt, uns versteht und mit uns die Folgen unseres Handels bespricht.

Natürlich möchten Betroffene auch wissen, wie andere Eltern mit diesem Schicksal leben. Wie ist es möglich, all die Gefühle auszuhalten, diese Angst, aber auch diese Wut über das Verhalten der Kinder? Erfahrungsaustausch ist ein unschätzbarer Wert.

Selbsthilfegruppen (SHG), die es in vielen großen und kleinen Städten gibt, möchten informieren, Halt geben und (trotz allem) einen geselligen Kontakt fördern.

Wenn Ihr Schicksal Sie zu sehr niederdrückt, ist der Kontakt mit Psychotherapeuten oder Beratungsstellen der Kirchen sehr hilfreich. Man sucht nicht psychologische Hilfe, weil man sich so schwach fühlt, sondern weil man Mut zur Veränderung spürt und ihn nutzen möchte.

Adressen finden Sie in den Gelben Seiten unter Psychotherapie, Beratung oder Kirchen.

Auch Ihr Hausarzt oder Ihre Kirchengemeinde kann Ihnen Auskünfte geben.

Ziel einer Beratung oder Therapie ist Versöhnungsarbeit: Versöhnung mit anderen und mit sich selbst.

Dank und Nachwort

Ich danke den Betroffenen für viele Gespräche in großer Offenheit und die vertrauensvolle Überlassung von Briefen und Tagebuchnotizen.
Einige Angaben wurden zum Schutz der beschriebenen Personen verfremdet.

Vielleicht sind Sie enttäuscht, weil Sie in diesem Buch keine Patentrezepte gefunden haben. Doch leider gibt es die nicht!
Jeder Mensch ist anders, jeder Konflikt lebt von eigener Dynamik der Betroffenen, und simple Lösungen werden der Vielfalt des menschlichen Empfindens, Denkens und Handelns nicht gerecht. Was der eine gern annimmt und ausprobiert, das ist für den anderen albern oder gar provokativ.
Und das ist auch gut so.
Denn weil es diese Vielfalt gibt, sind wir angehalten, uns immer wieder Gedanken zu machen und uns mit unserem Gegenüber und uns selbst zu beschäftigen. Bei einfachen Rezepten (man tue x und lasse y) bräuchte man sich nicht weiter um den anderen zu kümmern. Es wäre oberflächlicher und langweiliger!
Auch in der Medizin verläuft nicht alles nach Schema. Man weiß zwar, wie ein Medikament (meistens) anschlägt, aber man kennt auch die Risiken und Nebenwirkungen, die nicht exakt vorhersehbar sind.
Und wenn Sie abnehmen möchten, dann sind Ihnen sicherlich zig Rezepte und Diäten bekannt. Alle versprechen das Gleiche – doch halten sie es auch?
Sie kommen nicht umhin, Ihr ureigenes „Rezept" auszutüfteln. Was Sie tun, muss nämlich auch zu Ihnen und

Ihrem Wesen passen, damit es nicht kühl und bloß äußerlich als reine Technik erlebt wird.

Wenn Ihnen wirklich an einer guten Beziehung zu Ihrem Kind liegt, dann schielen Sie nicht nach schnellen Hauruck-Methoden, sondern Sie versuchen zu verstehen, was vorgefallen ist, lassen sich innerlich davon anrühren und probieren vorsichtig und rücksichtsvoll Ihren Weg aus, der gut für Sie und für Ihr Kind ist.

Es gibt kein Vorgehen, bei dem man einen anderen Menschen nach eigenem Willen beeinflussen kann – Folter ausgenommen.

Und vielleicht möchte Ihr Kind Ihnen sagen: Ich bin groß und erwachsen – und nicht mehr von euch zu steuern. Das müsst ihr jetzt annehmen!

Und zeugt es nicht von Liebe, diese Eigenständigkeit zu akzeptieren, auch wenn es schmerzt?

Leben ist das, was passiert,
während du eifrig dabei bist,
andere Pläne zu schmieden.

John Lennon von den Beatles in einem Song